I0787803

¿QUÉ SUCEDE EN EE. UU.?

CUANDO UNA VIEJA ESTRUCTURA DE PODER CAE EN PEDAZOS, SE SACRIFICA A LOS PEONES

Autor: Ernesto Panamá

Derechos

ISBN: 9781723960413
Imprint: Publicado Independientemente
Portada. Ilustración de Óscar KEIN Cornejo

Autor: Ernesto Panamá
WEB: www.ernestopanama.com

Agradecimientos

A mi esposa e hijas, quienes ahora conocen que vivir con un escritor, no es tarea fácil.

A los patriotas que ayudan a abrir la mente de las personas a una realidad que se funde con la fantasía.

A esos hombres y mujeres qué contra viento, marea, criticas, intimidaciones y obstáculos, dedican su valioso tiempo a dar a conocer la verdad que la prensa masiva oculta.

A Óscar KEIN Cornejo, quién convierte en una obra de arte mis ideas, facilitando al futuro lector de este libro conocer su contenido al contemplar la portada y no podía faltar mi reconocimiento a Yancie Rodríguez por la creación y mantenimiento de mi pagina <u>web</u> y redes sociales.

En especial a María Cristina Orantes, por ayudarme a mejorar para la comprensión de este trabajo.

Gracias.

Índice

Sinopsis

Vivimos en un mundo en el que el cambio es constante, y quienes viven en el siglo XXI tenemos la dicha de vivir el inicio del cambio de era.

La antigua cultura Maya, pronosticó la llegada de los españoles y además que la humanidad viviría a partir del día 21 de diciembre del 2012, "el cambio de era".

Los mayas manifiestan que: "El fin del período del quinto sol (se sucede el 21 de diciembre de 2012), último día del decimotercer baktún (ciclo de 144 000 días) en la cuenta larga del calendario maya, día en el que se celebra el solsticio de invierno dando paso a una nueva era en la que habrá cambios positivos en todos los sentidos para la humanidad" y no catástrofes, como lo anunciaron quienes desconocían sobre el tema de la cosmovisión maya.

http://www.emol.com/noticias/tecnologia/2011/12/22/518242/mayas-predicen-cambios-positivos-para-humanidad-con-el-inicio-de-nueva-era.html

Esta afirmación de que avanzamos hacia una nueva era es poco creíble, pues pequeño es el grupo de personas que valoran el legado de nuestros ancestros.

En mi caso admiro la cultura Maya, pues nos legaron el 0 (cero) y siempre fueron agradecidos con la naturaleza, lo que también comparto. Aclaro que no soy experto en el tema.

Cuando se anuncia el cambio de era, esta noticia dejó en mi mente por varios años una interrogante abierta y sin respuesta. Es hasta el año 2016 que percibo que se están sucediendo acontecimientos históricos sin precedente como la salida del Reino Unido de la Unión Europea, y es entonces que empiezo a entender que estos no son obra de la casualidad, que forman parte del cambio que conduce a la nueva era y forjan el futuro de una mejor vida universal.

Analítico como soy, de las tendencias políticas locales externas y de las disputas de poder percibí que las viejas acciones que nos conducían hacia el mundo globalizado una tendencia que la propaganda me había hecho considerar como buena, de pronto comienzan a perder influencia mundial y sufren una derrota sin precedente en el Reino Unido. Este acontecimiento me permite ver claramente que se está dando un cambio que trasciende y me hace pensar de nuevo en la ¡nueva era!

Ese mismo año 2016 en los Estados Unidos de Norteamérica se aproxima el final del segundo período presidencial de Hussein Obama, el primer presidente de color y de quién muchos esperamos menos intromisión en temas internacionales y justicia para las minorías raciales, que elevara el nivel de vida a las clases necesitadas y resultó ser más de lo mismo. Hussein resultó estar preparado por la CIA y ser títere más que a cambio de dinero por volverse millonario, se sometió al viejo orden mundial (V. O. M.). Durante su administración el país y los ciudadanos retrocedieron en prestigio, seguridad y calidad de vida.

El engaño del que fuimos objeto los ciudadanos del mundo por supuesto se instrumentó durante años, pues las vicisitudes del pueblo norteamericano, su debilidad militar y la falta de credibilidad como nación, fueron encubiertos por la prensa tradicional.

Obama cumple ordenes de quienes dirigen al imperio y durante sus dos períodos como presidente convierte al planeta en el lugar de grandes dimensiones y tensión como Carea del Norte cuyo desarrollo nuclear e inestabilidad regional facilita dirigir al mundo s un conflicto mayor durante los próximos dieciséis años.

Las señales de que algo extraño acontece no aparecen en las primeras planas de la prensa, por esta razón los indicios son poco claros, pero si es previsible un futuro desenlace trágico para la humanidad.

Los principales medios de prensa proclamaban en esa época que el próximo presidente de los EE. UU., sería una mujer, Hillary Rodman Clinton, a quien ellos consideraban invencible.

Algo que parece inesperado sucede cuando anuncia la candidatura a la nominación presidencial del partido republicano un multimillonario empresario dedicado a la construcción, un hombre mayor, quien se convierte en polémico desde el momento en que anuncia su inscripción en las elecciones internas del partido republicano.

Su nombre es Donald J Trump y antes de ser candidato a la presidencia debe derrotar a 16 aspirantes a la nominación del partido.

Para una persona sin experiencia política, derrotar aquellos que han vivido en las entrañas de la corrupción política, que cuentan con financiamiento de los grandes consorcios y algunos con una imagen de gobernadores, o que anteriormente fueron senadores, era una tarea que se consideraba imposible de lograr.

Pero Donald Trump gana cada debate en contra sus contendientes quienes se van retirando de la contienda. Finalmente, gana la nominación republicana y por último contra todo vaticino de la prensa al servicio de la élite, obtiene el triunfo en la <u>elección presidencial</u>.

Posteriormente es <u>juramentado</u> en el cargo como presidente, y escuchando su <u>discurso de toma de posesión</u>, es que de nuevo vuelve a mi mente el cambio y que este suceso y lo que hoy vivimos, forma parte la nueva etapa a la que nos dirigimos.

¡Realmente está sucediendo!, me dije.

Tanto en antiguo como en el nuevo continente, en los países desarrollados, el viejo orden mundial, que consideraba tener consolidado el poder, sufría una nueva y catastrófica derrota. Y es entonces que las viejas estructuras se ven obligadas a cambiar sus planes, disponiéndose a defender lo que puedan conservar con lo medios de que disponen y sacrificando a quien sea necesario.

La batalla ha dado inicio, la revolución de los ciudadanos y naciones libres está en marcha, los patriotas abandonan el rebaño, se niegan a ser gobernados por un sistema autoritario, supranacional, como el comunista, el fascista o dictatorial, como el que ensaya en Europa a través del parlamento europeo.

El viejo orden mundial no puede ocultar más lo que vendió a los ciudadanos del mundo bajo el nombre de globalización. Tras ella oculta el verdadero propósito de imponer su dictadura, la del gobierno mundial.

En lo sucedido entre los años 2016 – 2018 en el Reino Unido y los EE. UU. el riesgo de revelar está transición la corren aquellos patriotas que se esfuerzan por revelar la verdad.

Revelar la verdad, pone en riesgo tu vida

<u>(La espada de Damocles está sobre la humanidad)</u>

Si bien es cierto que se vive el cambio de era que traerá progreso y bienestar a los habitantes del planeta, esto no quiere decir que se deba bajar la guardia, porque el peligro y acciones premeditadas de quienes <u>se oponen a la perdida de poder</u>, no han dejado de ser una amenaza.

Para quienes llevan adelante la lucha y se dedican a revelar la verdad de quienes se proponen dominar el mundo, sean o no personas importantes las amenazas, atentados y asesinatos camuflados de suicidios van en aumento.

Como ejemplo al más alto nivel del liderazgo mundial han sido evitados y descubiertos atentados en contra del presidente <u>Trump</u> y de su <u>familia cercana</u>. En niveles de cooperación menos prominentes, varios asesinatos refuerzan lo mencionado, entre ellos la muerte de <u>Set Rich</u> y el de otras personas que intentaron revelar <u>prueba</u> que amenazaban con presentar prueba en contra de empleados del V. O. M. como la excandidata presidencial Hilary Clinton, quien había sido escogida y financiada por la élite para ser la primer mujer presidente de los EE. UU.

Quiénes nos ocupamos de revelar la verdad, estamos consciente del riesgo que corren al revelar detalles de las batallas que pierden la élite en el poder, pues ella y las personas a su servicio corren el peligro de perder poder, estilo de vida y de enfrentar la justicia, al revelarse la verdad.

No ignoramos que por dinero toda clase de personas laboran para ellos, sicarios, empleados de cuello blanco, funcionarios de instituciones estatales, personal de cuerpos de seguridad, miembros del sistema judicial y de inteligencia. Nuestra muerte puede ser física, económica o política. Por lo tanto, debemos tener claro quienes nos involucramos en revelar la verdad, ¡que esto no se trata de un juego!

Se sabe que quienes ambicionaban establecer el gobierno mundial se encuentran envueltos en crímenes como pornografía infantil, pedofilia, sociedades secretas, tráfico de drogas, trata de blancas, secuestro, racismo, asesinato de menores, venta de órganos, aborto y ellos son quienes están perdiendo poder y la oportunidad de establecer dicho gobierno; esto los hace muy peligrosos.

Los culpables verán disminuidos sus milmillonarios ingresos y claro está que su reacción es resistirse a perderlos pues consideran que su excesiva riqueza les da derecho a regir el destino de la humanidad y a punto estuvieron de conseguirlo. Por esta razón, la vida de quien les obstruyen su camino, si es necesario la terminan.

La estimación de la dirigencia del viejo orden mundial, para instalar su Gobierno Mundial estaba a solo dieciséis años plazo de conseguirse.

Para instrumentarlo se apoyarían en la promoción de banderas falsas como podría haber sido una guerra nuclear a baja escala. Esta acción auto generada podría haber sido la distracción perfecta en el momento adecuado para implantar su gobierno o dictadura mundial.

No es fácil entender ni explicar esta trama oculta y desconocida por la mayoría de los habitantes del planeta. Para despejar la niebla es importante conocer algunos de los principales medios que ellos han utilizado para ocultar sus propósitos, evitando así que se genere una oposición excesiva a sus objetivos.

Aunque el lector lo dude, nos han lavado el cerebro poco a poco haciendo uso de los medios masivos de prensa, radio, TV y cine. Esto no es aceptable fácilmente y más embarazoso resulta aceptar que se disponían a poner en funcionamiento la última etapa de su plan de dieciséis años, una vez finalizado el segundo período de Hussein Obama.

Llegamos a aplaudir la toma de medidas para evitar el cambio climático, un mundo sin fronteras, apoyamos la entrega de nuestros bienes y servicios a extranjeros, y seguíamos sin discusión patrones económicos que se nos dictaban, práctica que desaparecerá.

Todas esas medidas han empobrecido naciones y debilitado gobiernos y provocaron guerras; ha crecido la delincuencia, y la inseguridad; y por estas razones nuestra gente ha abandonado a sus familias, aumentándose así la desigualdad y la miseria; se ha bajado el nivel de la educación y nuestras mentes están confundidas. ¡Creemos que somos revolucionarios!

¡Unos son de izquierda y otros de derecha! Nos han dividido, nos manipulan.

Tampoco debemos olvidar que la destrucción de las Torres Gemelas y el acto terrorista en contra del Pentágono fueron eventos ejecutados con miras a desestabilizar el Medio

Oriente y África, armar al movimiento islamista con el objetivo de enfrentar las religiones en el mundo, desestabilizar Europa con masivas emigraciones cuyo propósito es el de poner fin a la democracia y a la herencia cultural europea. ¡Estos propósitos nunca nos fueron divulgados!

¿Qué piensas de todo esto, este señor escritor ya perdió la razón y empezó con el cuento de la caperucita?

Si parece un cuento, una ficción, pero la verdad es que no hemos sido otra cosa que tontos útiles, un rebaño que va de un lado a otro, y sin saberlo servimos a los propósitos del V. O. M. quiénes antes nos conducían a ser sus esclavos.

Si estimados lectores esto parece una historia de ciencia ficción si no fuera porque en más de sesenta años de manipulación, aislados son los casos de países que han alcanzado el desarrollo, por supuesto ninguno de habla hispana, en donde la mayoría somos hoy más pobres que antes.

Los medios de prensa tradicional han sido el instrumento con el cual el V. O. M., oculta sus verdaderas intenciones y promueven situaciones que inocentemente apoyamos y sin darnos cuenta generamos las condiciones que ellos necesitan. Entonces avanzan y cambian nuestros valores.

A través de los medios, nos han convencido de que los "gobiernos que ellos nos impusieron y dirigieron eran buenos", (desde los años cincuenta y por un largo período américa latina es regida por gobiernos militares con raras excepciones) y además nos hicieron creer que ejercíamos la democracia, pero la polarización entre nacionales había dado inicio. También nos enseñaron que los gobiernos eran malos para administrar los bienes y servicios públicos.

Trascurrido los años el V. O. M. decide que no habrá más gobiernos militares y los derrocan. Cómo parte del proceso ahora nos enfrentan en guerras internas, como la de Argentina, Chile, Uruguay, Colombia, Nicaragua, El Salvador, etc.

Así una vez destruido el país, aparece la tabla de salvación en forma de corporaciones internacionales que ofrecen comprar los derechos de explotación de nuestros recursos naturales, servicios, banca, sistema de pensiones, etc. ¡Y vendemos!

¿Para quién crees amigo lector que resulta ser el beneficio final, para ellos o para nuestros pueblos?

¿En manos de quién queda el control de la riqueza nacional?

¿Han perdido los gobiernos de estos países el poder?

Claro está que como resultado de este sucio accionar, hay beneficiados nacionales en todos los países, pues sin su complicidad esto no hubiera sido posible y como retribución por su aporte ahora ellos son accionistas de telefónicas, bancos, sistema de pensiones, explotaciones mineras o petroleras, etc.

Sin su participación, vender al país no hubiese sido posible. Lo triste es que aún ahora muchos celebran que los extranjeros sean dueños de lo que antes nos perteneció.

Los extranjeros hoy en día son dueños de nuestros bienes y servicios. Estás empresas por lo general poseen capitales mayores que el PIB de cualquiera de nuestros países tercermundistas, y condicionan a los gobiernos, evaden impuestos y no permiten control alguno, ya que han contribuido a corromper más el aparato burocrático de estas naciones.

¿Comprendes ahora mejor el porqué ha ido en aumento la dependencia de tantos gobiernos tercermundistas?

Hay casos extremos en los que además han sido forzado a abandonado sus sistemas monetarios y obligados a que los problemas judiciales deban solventarse en tribunales extranjeros y han influido a vender la banca nacional a corporaciones extranjeras dedicadas a lavar dinero impunemente.

El imperio entonces manejado por el V. O. M., era quien decidía si otorga o no créditos a estos gobiernos y bajo que condiciones lo hacía. Lo hacía a través del Banco Mundial o el Fondo Monetario Internacional sus instrumentos financieros, si financiaba o no proyectos que desarrollarían empresas extranjeras de su país como condición e incluso en sus manos estaba el negar o conceder ayuda militar. Este modelo al cambiar respetará la soberanía de estos estados.

¿Habrán perdido estas naciones su soberanía?

Claro está que dar a conocer esta situación no agrada al V. O. M. quienes representan al 1 % de la población mundial la del país en donde vives y ellos y sus cómplices el 1 % de la población del país afectado, son los dueños de más del 90 % de la riqueza del mundo. Ellos y sus cómplices viven acumulando billones son socios de las empresas internacionales dueñas ahora de los bienes y servicios de tus países, mientras tanto los pueblos tienen más hambre que antes.

Al viejo orden mundial y a sus ejecutores, quienes manejan nuestra política les perjudica que esta realidad se dé a conocer.

Los miembros de la oligarquía nacional a nivel mundialmente siguen siendo "gatos", pero en los diferentes países se creen todos poderosos y se creen con derecho a decidir lo que políticamente le conviene a los pueblos.

El viejo orden mundial internacional, estaba convencido de que no era posible detener el avance de la nueva estructura mundial. Que la globalización y su minoría adinerada establecería el Gobierno Mundial en donde los pueblos se someterían a su mandato, concluyendo así con los estados de las naciones independientes, en donde el pueblo era quien decidía con el voto.

Tú posiblemente no estabas enterado de estos acontecimientos, pero ellos ese 1 %, en tú país y el mundo sí lo están, y es por está razón que continúan manteniéndonos enfrentados utilizando la polarización de derechas e izquierdas; capitalistas, socialistas o comunistas. Saben que como dueños de partidos políticos que son, que manteniendo dividido al pueblo ellos alcanzan sus metas fácilmente.

Durante décadas nos han engañado escondiendo sus verdaderas intenciones, sobornando y comprando voluntades con el fin de acumular fortuna, poder, y a punto han estado de someternos.

Recientemente los pueblos soberanos en varios países de Europa, EE. UU., México y Sur América, se han hecho escuchar y esos gobiernos buscan independencia y soberanía que se respete el derecho de los pueblos a elegir a sus dirigentes. Estas naciones no están de acuerdo con que las élites se atribuyan el derecho de dirigirlos.

El fin del sistema que pretendía implantar el V. O. M. está por llegar. Cinco quizá diez años tomará finalizar la labor, pero su deseo egoísta de mantener el sistema de miseria en que vivimos y que únicamente tiene como objetivo conservar sus privilegios va a terminar.

Los pueblos soberanos están despertando. Ya no se trata de derechas o izquierdas, se trata libertad o esclavitud. De ser sociedades enfrentadas o pueblos que unidos buscan el progreso.

Este mensaje es contrario a los intereses del viejo orden mundial, y por supuesto no lo encontrarás reproducido en los medios de prensa tradicional de tu país; claro, es posible encontrar alguna excepción.

Para que este mensaje alcance a más personas se hace necesario utilizar los medios alternativos de difusión como el internet, las redes sociales y además se hace necesario contar con el apoyo de personas que retransmitan estas publicaciones para despertar a más compatriotas y que más personas abandonen el rebaño.

La batalla que llevamos adelante los patriotas implica unidad, pues solo unidos es que somos fuertes. Somos la resistencia al viejo sistema. El pueblo tiene el derecho a vivir en un país soberano y de elegir a sus gobernantes. Esta batalla que juntos debemos dar requiere una mente abierta para investigar sobre aquello que lees y nutrir tu conocimiento.

Debemos luchar para que prevalezca la visión democrática, reafirmar que es el pueblo quien debe decidir su destino y no una reducida clase corrupta, enriquecida a base de usurpar el tesoro público nacional.

Debemos asegurarnos de limpiar la clase política y de educar a los votantes para que no sean engañados.

La realidad que vivimos resulta confusa, a veces difícil de creer, pues la masiva propaganda nos hace creer que somos revolucionarios y que nos revelamos en contra de nuestros padres, abandonamos principios cristianos y apoyamos ideas que atentan contra todo aquello que conocemos. Nos han hecho creer que ser revolucionario implica dejar de creer en el matrimonio, en la familia, en permitir que los menores vean a los homosexuales como algo normal y además pretenden que apoyemos el aborto y rechacemos la pena de muerte para los criminales.

Es entonces con esta propaganda que muchos se creen liberados e independientes, y es en esta fase cuando nos convertimos en una presa fácil para sus oscuros propósitos, pues estamos divididos y ellos se disponen a someternos a la esclavitud.

Es imprescindible que vuelva el respeto al hogar, que el joven comprenda y se convenza de que el futuro de su país depende de su preparación y no de los extranjeros. Que no será faltando a los valores que le inculcaron y a lo poco o mucho que ahora posee lo que le generará un futuro próspero. Solo su preparación, trabajo y dedicación a la familia forjarán naciones con futuro.

Años han debido pasar bajo estas terribles campañas a través de medios de la prensa, radio, cine y TV, para confundirnos.

Antes los héroes imponían la ley, el orden y velaban por la justicia. Ahora nos enseñan que los protagonistas violan la ley, matan a quien vela por la justicia, fabrican, trafican drogas y destruyen vidas, ahora así se corrompe la mente de nuestros jóvenes.

Este manejo y la difusión de propaganda premeditada por parte de los medios que inducen a las mentes paso a paso a despreciar los principios cristianos debe terminar; esto es fundamental par nuestra identidad ya que destruir la identidad nacional debería considerarse como una traición. Por supuesto esto será posible, si tú te encontraras entre aquellos que desean recuperar los valores de nuestras sociedades.

Nos han acostumbrado a la violencia, a la corrupción, a la extorsión, a ser rebeldes, a no ser responsables, ni a respetar al prójimo y menos respetar a los mayores; por supuesto esta conducta también implica que tampoco respetamos a las autoridades corruptas que nos gobiernan. Y entonces el resultado es el caos.

Es importante entender que el restablecer los valores morales de la sociedad son para guiar el comportamiento de lo individual, familiar y de sociedad; y esto significa además romper con el modelo corrupto que se pretendía imponer. También el conocer quienes lideran el buen rumbo, así como tomar la responsabilidad, demandar y ejercer el derecho de elegir a quienes nos gobiernan, y además exigir se nos garantice el derecho democrático de removerlos del poder si no cumplen la sagrada premisa de mejorar la vida de cada uno de los integrantes de nuestra nación.

El tiempo de vivir una nueva era se llega, es el momento de nuestras naciones. El pueblo tiene es sus manos elegir su destino.

Ahora iniciaremos el relato de como se desarrollan los hechos para el derrumbe del viejo orden mundial.

El derrumbe del viejo orden mundial

"Gobernando 16 años más los EE. UU., estaremos en capacidad de instaurar el gobierno mundial"

El viejo orden mundial.

Antecedente

El viejo orden mundial lleva ejecutando su plan para establecerse como rector del mundo de manera metódica por más de sesenta años y es en el año 2008 tras evaluar el control alcanzado que concluyen que para lograr instaurar el Gobierno Mundial las condiciones estarán dadas en un plazo de 16 años.

Dos etapas completaba el plan y una consistía en llevar a la presidencia al primer presidente de color, personaje que desde años atrás la CIA venía preparando. Hussein Obama debía servir ocho años, es decir, dos períodos como presidente.

La siguiente y última etapa consistía en llevar al *poder a la primera mujer presidente de los EE. UU.*, quien también debería gobernar por dos períodos, siguiendo cuidadosamente el plan mundial de desestabilización que justificaría la concentración de poder. En la Unión Europea ese plan piloto que pretendía instalarse a nivel global desde los EE. UU. avanza aparentemente con buen pie y la prensa por su parte, se encarga de no difundir los verdaderos problemas.

El viejo orden mundial habiendo sido exitoso al elegir el primer presidente de color, están seguro de que elegir a la primera mujer presidente de los Estados Unidos es su mejor decisión.

La candidata designada es Hillary Clinton, quien viene siendo promovida desde hace varios años. Al respecto nada se improvisa ya que aprovechan que fue Primera Dama, luego se impulsó su campaña como senadora por el estado de Nueva York, posteriormente, y para asegurar su popularidad, la hacen disputar la nominación presidencial demócrata en contra de Hussein, proyectando así su imagen nacionalmente, y finalmente es electa Secretaria de Estado, durante el segundo período presidencial de Obama. En pocos años su currículo es excepcional. Han creado la candidata perfecta para que el pueblo elija a la primera mujer presidente de los EE. UU.

Los millones invertidos en su promoción, las credenciales de los cargos desempeñados y su comprobada lealtad al V. O. M., sumados al hecho de tratarse de una mujer, estiman sus promotores, les garantiza el triunfo electoral.

Paralelamente ponen en práctica y provocan acontecimientos de desestabilización regional, que les permitirá consolidar su Gobierno Mundial.

Así las acciones del gobierno de Hussein Obama crean en la población mundial desestabilización, guerras, financiamiento para crear la guerrilla islamista y con esto se provoca la migración de millones de personas, naciones en banca rota, pérdida de soberanía, centralización de poder y el consecuente enriquecimiento del 1 % de la población y mayor pobreza para el 99 % de los habitantes del planeta.

¿Fracasa la Unión Europea?

Seguidamente y debido a la desestabilización mundial, la perdida de soberanía, el proceso de centralización del poder en Europa, alza la voz de protesta y es Nigel Farrage, representante del Reino Unido en el Parlamento Europeo, la voz que resume las quejas de los ciudadanos en esa nación.

Es curioso, y por eso lo menciono, que una persona que no es político de carrera sino un corredor de bolsas, sea quien denuncia la pérdida de soberanía del Reino Unido, sus acciones dictatoriales del parlamento europeo. Posteriormente él es quien lidera el referéndum BREXIT.

Ante el creciente descontento ciudadano por las demandas del parlamento de la Unión Europea, quien violan la soberanía nacional, el primer ministro David Cameron, en Inglaterra se ve obligado a convocar a un referéndum nacional en el que los ciudadanos deberán decidir si abandonan o permanecen en la Unión Europea.

El referéndum se denomina BREXIT y el 26 de junio del 2016 el pueblo decide a favor de abandonar la UE, pues el gobierno no electo desde Bruselas actúa en contra de su independencia y soberanía.

Entre las causas de descontento con Bruselas están el dictar al Reino Unido aceptar recibir cuotas de refugiados, así como la demanda de fondos para cubrir los costos de millones de refugiados, además al Reino Unido le desagrada la injerencia del parlamento europeo en temas de presupuesto, comercio, etc.

También saben que la migración es producto de las guerras en medio oriente y África que se llevan acabo para derrocar regímenes, el financiamiento del terrorismo islámico y la farsa de los ataques en su contra. Pero siendo naciones firmantes de la OTAN siguen el plan de Hussein Obama pues ese país financia en gran medida el presupuesto de defensa europeo y Obama sigue los planes de desestabilización mundial que manda viejo orden mundial.

Cinco meses después de realizado el BREXIT el pueblo norteamericano va a elecciones y decide votar en contra de lo que proclama la prensa al servicio del viejo orden mundial, al empresario Donald J. Trump como presidente.

El nuevo mandatario primero gana la nominación republicana en contra de todo presagio, corre como candidato a presidente sin aceptar el financiamiento de corporaciones, ni de grupos de interés; él de su propio capital y contribuciones de ciudadanos es quién financia su campaña. Y en ella invierte menos de la mitad que de lo que viejo orden mundial emplea en la campaña de Hillary Clinton y resulta vencedor.

Ahora recomiendo, que quiénes se dejan llevar por la propaganda de la prensa tradicional, deberían recapacitar y preguntarse: ¿Qué lleva a la victoria a un personaje privado a vencer el tremendo aparato político, financiero y burócrata de la élite que promovía a Hillary Clinton?

No pretendo persuadir, sino que se analicen la idea que voy a desarrollar.

Durante su campaña Donald Trump, exalta valores nacionales, su lenguaje es sencillo comprensible por todos; expresa lo que siente, señala de manera objetiva el estado crítico de su nación al referirse al desempleo, los bajos salarios, la epidemia de las drogas, la inseguridad y el problema de los migrantes ilegales.

Señala que la crisis económica obliga a revisar los acuerdos comerciales y reitera que estos deben ser bilaterales y recíprocos.

Afirma que deben eliminarse las regulaciones que impiden la inversión, que los EE. UU., deben ser independientes en cuanto a la generación de combustibles e insiste en la necesidad de restaurar las industrias manufactureras y mineras como fuentes de trabajo y seguridad nacional.

Recalca que los impuestos a las corporaciones en su país son de los más altos en el mundo y plantea una baja sustancial, además afirma que se hace necesaria una reforma para simplificar las leyes impositivas.

En el campo internacional manifiesta que él será el presidente de EE. UU. y no del mundo. Por primera vez un presidente norteamericano exige públicamente a sus aliados militares que cumplan con los aportes económicos acordados para su defensa y anuncia que revisará los acuerdos comerciales vigentes, pues los norteamericano no seguirá pagando por el desarrollo de otros países a costa de perder empleos.

También, ofrece que devolverá al país el respeto y la credibilidad políticamente perdidos a nivel internacional y que los EE. UU., serán de nuevo una potencia militar de primer orden, con la misión de garantizar la paz.

Asegura que dará el trato que se merecen los veteranos de las fuerzas armadas y que devolverá el poder a los generales en temas militares, el fue usurpado por la administración anterior y afirma que las decisiones militares las tomaran los militares.

Promete además drenar el pantano de corrupción que rige a Washington D. C., prohibir a los funcionarios que se retiran del gobierno, establecer oficinas de cabildeo (*lobby*), hasta no haber cumplido tres años o más de retiro.

Ofrece acabar con la reelección permanente de senadores y congresistas y es enfático al señalar en la necesidad de devolver a los ciudadanos el poder decidir su destino.

Todo lo mencionado con anterioridad, se encierra en el lema de su campaña: "Hagamos a América grande de nuevo".

Me permito adelantar a ustedes que las promesas de campaña del presidente Donald Trump, en dieciocho meses de gobierno se han venido cumpliendo una a una. De esta forma, se instrumenta el inicio el retroceso del viejo orden mundial en los EE. UU.

El poder autoritario pierde adeptos

En Europa el Reino Unido debe seguir un lento trámite para abandonar la Unión Europea; en consecuencia <u>las presiones que pretenden revertir la decisión tomada por el pueblo</u> continúan.

El proceso se ha complicado porque en la región el viejo orden mundial influye grandemente en el Parlamento Europeo y en gobiernos como los de Alemania, Francia y el mismo Reino Unido. Magnos son los obstáculos que demoran la salida de este último de la UE.

Otros países miembros de la UE, enfrentan el descontento de sus poblaciones, por <u>la obligatoriedad que impone Bruselas en lo relativo a temas migratorios</u> y económicos, ya que a sus gobiernos se les demanda cumplir con lo que sentencia a pesar de no haber sido electo por los ciudadanos de los países miembros. El estilo dictatorial de esta institución demanda poner en marcha medidas que afecten a los sectores productivos y financieros por lo que varios gobiernos se niegan a someter su soberanía.

La obligatoriedad de aceptar cuotas de refugiados de países procedentes de Oriente Medio y África es el resultado <u>de las guerras que financiara Hussein Obama en esas regiones</u> y en las que participara la Unión Europea a través de alianza militar OTAN.

El cumplir con los mandatos del parlamento naturalmente es parte del plan estratégico que el viejo orden mundial instrumentaba durante la administración de Hussein Obama quien preparaba el terreno para su sucesor lo ejecutara en su país; asegurándose que al prestar estos servicios creciera su fortuna personal. Instrumentar estas medidas ahora encuentra resistencia.

Las cuotas de aceptación de refugiados que impone Bruselas exceden las previsiones y proyecciones presupuestarias de todos los gobiernos miembros de la comunidad y afectan a sus ciudadanos, a la seguridad y economía y de estos países, fuera de que los nacionales sufren por los nacionales ataques y asesinatos perpetrados por yihadistas que han arribado y se han infiltrando. De esta masa de personas albergadas, solo el 2 % trabaja el resto es una carga económica que deben pagar los trabajadores nacionales a través de impuestos.

Europa ha sufrido lamentables asesinatos de ciudadanos inocentes, pues los fanáticos religiosos consideran que los infieles, aquellos que no profesan su fe, deben morir. Para ellos la mujer es alguien de una categoría inferior y el abusar de ellas no constituye delito sino es tradición. Además, dentro de sus creencias religiosas se encuentra aquella de que la mujer que aún se una menor de edad puede desposarse.

El problema es de proporciones alarmantes, la influencia de la cultura crece y nuevas leyes se aplican que contradicen la tradición europea.

El actual alcalde de Londres es de origen árabe y profesa el islam. En Michigan, EE. UU. el médico Abdul El Sayed, quien ocupó el segundo lugar en la nominación demócrata al cargo de gobernador él es de ascendencia egipcia y profesa el islam. Los demócratas lo consideran presidenciable.

Los musulmanes actualmente presionan para que la ley *Sharía* se apruebe en el país que los acoge, esta ley contradice las costumbres occidentales y aún entre los musulmanes no existe unidad respecto a su aplicación, además no están dispuestos a integrarse a las sociedades que les dan refugio.

Los emigrantes árabes, musulmanes, islámicos e islamistas son parte de la desestabilización y forman parte de ese caos necesario que el viejo orden mundial necesita para justificar el establecer su régimen dictatorial. George Soros y sus ONG son los mayores promotores de refugiados y se dice que es quién paga salarios adicionales a miembros del parlamento europeo quienes trabajan diligentemente para revertir la salida del Reino Unido de la Unión Europea.

Entre los migrantes mencionados los Islamistas son los fundamentalistas radicales que siembran terror y proyectan la imagen de que árabes, musulmanes e islámicos son lo mismo.

La situación para la UE continúa complicándose: recientemente Angela Merkel ve en peligro su gobierno de coalición debido a diferencias con su ministro del interior, Horst Seehofer quien sostiene que Alemania es cristiana y no musulmana.

El presidente Macron en Francia enfrenta problemas similares y se ve forzado a generar una nueva la legislación sobre refugiados. Ambos Merkel y Macron son catalogados como servidores del viejo orden mundial o como ignorantes.

Italia y su nuevo gobierno rechazan el mandato denominado migratorio del parlamento europeo.

Austria y su nuevo gobierno reciben de sus ciudadanos la orden de proteger sus fronteras, y las sus relaciones con Alemania se complican por los nuevos acuerdos que el ministro del interior Seehofer demanda a Merkel.

Hungría, Polonia y la República Checa mantienen diferencias con el parlamento europeo ya que las experiencias históricas sufridas por las invasiones de los pueblos de oriente medio no se olvidan. Con el incumplimiento de las cuotas migratorias que desea forzar el parlamento de la UE estos países se exponen a recibir sanciones.

Europa por estar sometida a las disposiciones contenidas en el plan de dominio mundial del viejo orden, se encuentra en serios problemas ya que el descontento popular en contra de los gobiernos crece, y la carga financiera aumenta con la llegada los refugiados.

La población europea, a través de la propaganda dirigida por el V. O. M. fue convencida y adoptó la política de control de natalidad décadas atrás. Esta medida fue parte del plan inicial global a implantar y se promovió por años. Esta acción formo parte de la pretensión globalistas de controlar el crecimiento poblacional en el planeta.

Pero entonces, nadie reveló estos objetivos y menos las consecuencias a largo plazo. Hoy como resultado del control de natalidad, los nacimientos en Europa son más bajos del 2.1 % lo necesario para que sus valores culturales sean sostenibles. La migración de medio oriente proyectada a futuro muestra que Europa perderá sus valores y cultura al adoptar los valores de la nueva mayoría que la habitará.

Esta realidad actual es resultado de que se nos hizo creer a través de campañas publicitarias mundiales que debíamos combatir la sobrepoblación, y se nos oculto que en el futuro nuestras sociedades y sus valores no serían sostenibles.

Es más, creo que la civilización actual no está preparada para acontecimientos como el no poder sostener sus valores culturales y ser sometidos al coloniaje moderno.

Con este proyecto cientos de millones de dólares se invirtieron y el viejo orden mundial amasó fortunas vendiendo preservativos, anticonceptivos y esterilizando mujeres y hombres, además nos lavaron el cerebro con lemas sobre la necesidad de reducir la población mundial. Todo esto forma parte de su estrategia para establecer el Gobierno Mundial y el mundo globalizado.

Aún muchos creen que existe la excesiva población, pero sin duda no están en la disposición de sacrificarse ellos y sus familias por esta teoría. El presidente Putin a referirse al tema le pregunta al periodista que, si él y su familia se sacrificarían para evitar la sobre población, que para él no existe. Él sostiene que hay mucha tierra por habitar.

Como derivación de estas campañas nuestra sociedad se divide, unos la rechazan el control natal aduciendo principios cristianos y otros aceptan que se abuse y se violen los derechos de las clases más necesitadas en el planeta. Esta política dentro de su programa pretendía mantener la población en 500 millones de habitantes.

¿Resulta entonces que a pesar de que se derrote al orden mundial las matemáticas del proceso de cambio cultural en Europa en el 2070, no serán posibles de revertir?

¿Se logrará evitar esto con los últimos acuerdos de repatriar a los refugiados a sus países de origen? Quizá no viva para verlo, espero que para entonces los islamistas hayan dejado de ser una amenaza.

George Soros, es uno de los miembros y promotores del viejo orden mundial y sus políticas. Él financia, además, ONG en Europa y América, que promueven fronteras abiertas, migraciones masivas y desestabiliza a gobiernos que no comparten sus intereses.

Algunos países enfrentan a Soros, otros como Rusia no desea tener ningún tipo de relacion con él o sus organizaciones que promueven fronteras abiertas entre otros temas. Mientras tanto Soros financia ONG y activistas que promueven la aceptación de migrantes hacia la UE.

Como pueden apreciar amigos lectores los tentáculos del viejo orden mundial se extienden por todo el planeta.

El tema es extenso y apenas hemos hablado de lo que acontece en forma superficial.

La globalización se hunde en los EE. UU.

Al escribir esto, el cuadragésimo quinto presidente de los EE. UU. Donald J. Trump sumaba en el poder dieciséis meses.

Ha expresado que su misión ha expresado consiste en devolver al pueblo norteamericano su derecho a elegir a sus gobernantes, así como a restituirle su grandeza y drenar el pantano de Washington D. C.; y esto conlleva a evitar que el viejo orden mundial concluya el plan trazado.

El propósito original del V. O. M. preveía la derrota del candidato republicano nominado, en este caso posiblemente hubiese sido el hijo de un expresidente o de un senador miembro del partido republicano.

En estas condiciones el V. O. M. consideraba que el resultado favorecería a la primera mujer presidenta, cuya trayectoria política había sido meticulosamente preparada y publicitada. Hillary Clinton, ahora millonaria, sería electa presidenta. El Washington Time, se quedó con los periódicos impresos con la foto de la señora presidenta.

Pero este plan no previó el que un emprendedor multimillonario y sin experiencia política se incorporara a competir por la nominación presidencial republicana y menos pensaron que este y su equipo serían los encargados de destruir su plan global mundial.

Así se desarrolla la historia: Donald Trump anuncia su participación en la nominación republicana el 16 de junio 2015, en la Torre Trump en Nueva York.

Estás fueron sus palabras: "Estoy oficialmente en la carrera por la presidencia de los Estados Unidos, vamos a hacer a nuestro país grande de nuevo".

En su anuncio oficial de candidatura tuvo palabras para los migrantes ilegales de México, esto fue lo que dijo:

"México manda a su gente a nuestro país, pero no manda lo mejor. Está enviando a gente con un montón de problemas. Están trayendo drogas, el crimen, y a violadores. Aunque asumo que hay algunos, que son buenos".

Hasta entonces nadie le prestaba atención y tampoco se le consideraba favorito para ganar la nominación del partido republicano.

Lo expresado sobre los mexicanos de inmediato fue publicitado y sacado de contexto por los principales medios de difusión de los EE. UU. y el mundo. Con esta acción la prensa tradicional creyó haber sellado el fin de sus aspiraciones políticas.

Su nombre y lo que no dijo, resultó ser una enorme campaña publicitaria gratuita que le fue de gran ayuda y nunca dejo las primeras planas de las noticias. Finalmente, estos medios de prensa quedaron mal, la verdad de lo que dijo se conoció y su popularidad se elevó a las nubes.

En esta primera etapa al ahora candidato le correspondía, enfrentar a los políticos republicanos de carrera, entre quienes se encontraban senadores, gobernadores y figuras como *Chris Christie, Jeb Bush, Paul Ryan, Mike Huckabee, Scott Walker, Rand Paul, Ted Cruz, Marco Rubio, Bobby Jindal, Rick Perry, Rick Santorum, John Kasich, Nikki Haley, Ben Carson.*

El sistema de debate es utilizado para la elección del nominado presidencial con la participación de todos los candidatos.

Estos debates iniciaron el 16 marzo 2017, y el 2 de mayo únicamente tres candidatos permanecían en la carrera: Trump, Cruz y Kasich. Cruz retiró su candidatura al día siguiente, y el día 4 lo hizo Kasich.

En este momento Trump cuenta con el apoyo de 1,237 delegados cantidad de delegados que le garantiza la nominación como candidato presidencial republicano. Escoge como compañero de fórmula al gobernador de Indiana, Mike Pence.

Deben ahora esperan el resultado de la convención demócrata para conocer a su rival.

Bernie Sanders independiente, compite con Hillary Clinton por la nominación demócrata. Se sabe que Hillary Clinton es la carta del viejo orden mundial, pero debe llevarse adelante el circo demócrata.

El inesperado triunfo de Trump ha desatado la alarma entre el viejo orden mundial ya que es el único candidato republicano sobre quien no tienen control.

A partir de entonces da inicio un sistemático programa de desinformación en contra de Trump y se enfatiza que las encuestas electorales favorecen la señora Clinton con una ventaja de 25 a 30 % sobre su más cercano competidor.

Lo que pocos conocen, es que la señora Clinton desde antes y durante su desempeño como Secretaria de Estado, enfrenta varios cuestionamientos judiciales: 1. Lavado de dinero y de recibir fondos a cambio de favores a través de la Fundación Clinton, 2. Muerte del embajador norteamericano en Bengasi J. Christopher Stevens, y 3. Además, es investigada por violar las normas de seguridad como Secretaria de Estado, ya que mantuvo un ordenador o sistema de transmisión de información en su casa, conocido como servidor violando las normas de seguridad gubernamental.

El Departamento de Justicia (DOJ) y el Buró Federal de Investigaciones (FBI), durante los años 2009 - 2017 fueron dirigidos por el presidente Hussein Obama y el personal a su servicio llevó adelante las investigaciones sobre las sospechas de violaciones a la ley cometidas por la señora Clinton las que se remontan al inicio del año 2008.

El que un gobierno demócrata investigue a la designada a la nominación presidencial de su partido se torna dudoso y además vuelve confiados a los investigadores y como la prensa asegura su triunfo y por ello actúan sin prudencia y dejan rastro de malos manejos que más tarde serán las pruebas que se usarán en su contra.

El pueblo norteamericano y el mundo ahora están conociendo como un gobierno dictatorial como el de Husein Obama (la utilización de entes estatales para extorsionar a opositores fue frecuentemente utilizada) se ocultó tras el partido demócrata.

El caso sobre violación de normas de seguridad del estado o el caso de los correos electrónicos de Clinton, es finalmente sobreseído por los investigadores y de forma inusual al violarse el debido proceso cuando el director del FBI es quien decide recomendar a su jefa, la directora del DOJ Loretta Lynch, que no había pruebas para condenar a la señora Hillary Clinton por el mal manejo de información clasificada. Nunca antes en la historia de la nación un director del FBI, un investigador, había tomado la decisión que le correspondía al fiscal general, director del departamento de justicia (DOJ).

El viejo orden mundial demanda al gobierno actuar deprisa y es por lo que los funcionarios de inteligencia de la rama ejecutiva de Hussein Obama dejan mucha información suelta al decretar la exoneración de cargos a Hillary Clinton, dándose esta precisamente el día antes de la convención del partido demócrata.

Otros hechos pertinentes

Días antes el CND (Comité Nacional Demócrata) denuncia que el servidor en sus oficinas ha sido jaqueado, sin embargo no permiten el acceso del FBI para comprobarlo.

El 5 de julio del 2016 WikiLeaks, desde Europa, publica correos electrónicos del partido demócrata. Se supone que esta es parte de la información que les fue jaqueada.

Aparece en escena, Cristopher Steel exagente del MI-6 británico contratado por la firma consultora Fusión GPS con dinero aportado por el CND y se procede a crear un falso expediente que luego llega al FBI. En él se supone hay pruebas de que el candidato Trump trabaja con Rusia para aventajar a Clinton en la campaña presidencial.

Es a partir del mes de julio del 2016 que el viejo orden mundial y sus asalariados dan inicio a las acciones de boicot en contra de la candidatura de Trump.

Se lleva acabo la convención demócrata y resulta electa Hillary Clinton como candidata presidencial de ese partido.

Tras bastidores la verdad se conoce y el V. O. M., monta en pánico. El CND ha debido falsear resultados para que Hillary Clinton sea nominada. Bernie Sanders un senador desconocido hubiese sido el ganador si no se hubiesen alterado los datos. Ahora dudan que la propaganda y lo que la prensa a su servicio publica. Deben elevar las acciones y propaganda para desprestigiar a Trump. Estas maniobras permanecen en secreto, no se hacen públicas.

Donna Brazile es quién da a conocer el fraude electoral de la primaria demócrata en su nuevo libro. Donna fue quién dirigió voluntariamente el DNC, desde el 2016 a febrero 2017 mes en el fue despedida por Hillary Clinton. Este secreto, permaneció celosamente guardado desde junio 2016 hasta noviembre del 2017, mes en que el libro fue publicado.

La importancia de esta elección es enorme pues, además, del presidente serán electos, senadores y congresistas en los campos nacional y estatal.

Lo que se relata a continuación se mantuvo oculto por más de un año por funcionarios de Obama y no fue del conocimiento publico hasta mediados del año 2018 una vez establecido el nuevo gobierno republicano.

Mientras la campaña presidencial se desarrollaba, esto sucedía: el dinero para desprestigiar a Donald Trump no conoció límites. Durante la campaña de Hillary Clinton, el monto invertido duplicó lo invertido por su rival.

 Si se tomara en cuenta lo gastado en la campaña de nominación partidaria que debió manipular para ganar, y el dinero invertido por Hillary Clinton, esto triplicaría lo invertido por Trump.

Los asalariados del viejo orden mundial en las agencias de inteligencia inician actividades para desprestigiar al candidato Trump a partir de la campaña presidencial.

Entre los involucrados se encuentran tanto el director del DNI (Dirección Nacional de Inteligencia), James Clapper, como el de la CIA (Agencia Central de Inteligencia) John Brennan y el del FBI (Buró Federal de Investigaciones) James Comey; todos ellos conocían de la falsedad del expediente en el que basaban sus actividades para desprestigiar al candidato y que luego continuaría la acción en contra del recién electo presidente.

Solo el director de la NSA (Agencia de Seguridad Nacional) almirante. Michael Rogers, se mantuvo al margen e informó al candidato presidencial que estaba siendo espiado.

La mayoría de estos funcionarios han venido trabajando durante ocho años con el gobierno demócrata. Conocen además que el CND (Comité Nacional Demócrata), es quien paga por la elaboración del expediente falso para desarrollar la campaña de desprestigio del candidato Trump, esperando con esto asegurar la victoria de Hillary Clinton.

Ellos fracasan en su intento, en consecuencia el nuevo presidente toma posesión; sin embargo a estos funcionarios se les ordena continuar el ataque contra el presidente electo, y se les ofrece el apoyo de la prensa así como el de senadores y congresistas demócratas; además buscarán nombrar un fiscal especial para facilitar las maniobras de obstrucción y desprestigio del presidente electo y su gobierno.

Al conocer esta situación resulta curioso comprobar que los mismos agentes y abogados que exoneran a Hillary Clinton, son los mismos que trabajaron para impedir la llegada de Trump a la presidencia; y quienes posteriormente continúan saboteando las acciones del gobierno electo y retrasan la entrega de documentos que contribuirían a aclarar el caso.

<u>La seguridad del triunfo electoral de Hillary Clinton</u> los volvió despreocupados en su actuar ya que agentes del FBI y abogados de la fiscalía involucrados dejaron muchas pistas, lo que permitió que las nuevas investigaciones revelaran sus descuidos en los mensajes de texto, correos electrónicos y llamadas telefónicas que ese convirtieron en pruebas usadas en su contra.

En los EE. UU., la Constitución protege a sus ciudadanos impidiendo que sean investigados por las agencias de inteligencia los investiguen sin seguir un estricto proceso.

Para poder proceder en estos casos de este tipo, se nombran jueces especiales son designados por la Corte Suprema de Justicia. Su nombramiento es secreto y se les conoce como jueces FISA (siglas en inglés).

FISA nace de una ley aprobada por el Congreso en 1978 para establecer el procedimiento de solicitar la autorización judicial para vigilar a sospechosos nacionales, así como para crear el Tribunal de Vigilancia de Inteligencia Extranjera; destinado a aumentar la contrainteligencia de los Estados Unidos.

En caso de que alguna agencia de inteligencia sospeche de actividades terroristas de un ciudadano norteamericano, esta deberá presentar las pruebas al juez de la corte secreta

FISA, para que sea quien autorice o no espiar al ciudadano en cuestión.

Durante la campaña presidencial, el director del DNI (director de inteligencia nacional) se considera que está comprometido en el montaje de la generación de pruebas que conduzcan a evitar que el candidato Trump ponga en riesgo la candidatura de Hillary Clinton. Para que la campaña goce de credibilidad se cree que el director de CIA es quien sugiere utilizar a las agencias aliadas de los cinco ojos y que todo se maneje a través de una entidad ajena del partido, y es de esta manera que se contrata a la firma de FUSIÓN GPS empresa que preside Glenn Simpson y es este finalmente quién contrata los servicios de Christopher Steel agente del MI-6.

El DNC (comité nacional demócrata) aporta más de $ 160,000 dólares para el pago de los servicios de Christopher Steel quien emplea sus conexiones en Rusia y elabora un expediente de 35 páginas. Luego Fusion GPS utiliza a su empleada Nellie Ohr esposa de Bruce Ohr funcionario del departamento de justicia, quien lo hace llegar al FBI.

Se desata entonces una serié de filtraciones por la prensa bajo control del viejo orden mundial: CNN, ABC, NBC, NYT, Washington Post y otros de menor importancia dándose a conocer información clasificada de la investigación que lleva adelante el FBI así como del expediente elaborado por el agente inglés. Esta información es confidencial y entregarla a la prensa constituye un delito.

Se puede concluir, tras meses de investigación, que los empleados del departamento de justicia y del FBI creían ciegamente en la propaganda y en las encuestas de la prensa tradicional que aseguraban el triunfo de la señora Clinton, y esto los lleva dejar las pruebas que ahora los condenan.

Las solicitudes firmadas por el departamento de justicia y por el FBI dirigidas a los jueces FISA, tienen una validez de noventa días y estás deben ser renovadas adjuntándose pruebas del progreso de la investigación, lo que justificaría que el juez las renovara a fin de continuar con la investigación.

Este procedimiento con la información ahora obtenida denota indicios de que los requisitos legales mínimos, nunca se cumplieron. Además, el FBI tenía por ley corroborar la información que utiliza para solicitar la orden FISA; y nunca las verifico la información presentada a los jueces y en las renovaciones jamás adjuntaron pruebas del avance en las investigaciones. Tampoco informó a los jueces del origen del expediente, ni quién lo había pagado y además ocultó la procedencia de las noticias de prensa que adjuntaban como pruebas. Todo esto constituye delito.

Durante la campaña se renovaron las ordenes FISA en tres oportunidades y la cuarta renovación se sometió estando ya electo y en período de transición, el nuevo presidente.

Las autorizaciones FISA condujeron a la intervención de las comunicaciones de dos miembros de menor jerarquía en la campaña y es a través de estos acusados que la ley permite investigar a todas las personas que con se comunican con ellos, resultando que el número de miembros de la campaña que estaban siendo espiados es grande.

El comité judicial del congreso ha pedido al DOJ en reiteradas ocasiones que entregue las solicitudes de las ordenes FISA, debido a su posible ilegalidad, sin embargo, hasta el 26 de junio 2018 el DOJ aún no había cumplido dicho requerimiento.

Recientemente, además, se ha confirmado que el FBI designó desde el inicio de la campaña presidencial espías al equipo de Trump. Esta información aparece en mensajes cruzados entre agentes del FBI.

Carter Page, no solo fue sujeto de vigilancia al ser aprobadas las ordenes FISA, sino que además en su récord figura que anteriormente fue informante de una agencia de inteligencia.

Ya electo el presidente Donald Trump y encontrándose en el período de transición presidencial, recibió la visita del director de la NSA (agencia nacional de inteligencia) almirante Michael Rogers; esta la hizo el almirante sin informar a otros directores de inteligencia involucrados en la campaña de desprestigio del candidato republicano que laboraban para la administración de Hussein Obama. Lo anterior se lleva a cabo en Nueva York en la Torre Trump, lugar en donde el equipo de transición trabajaba.

El almirante Rogers director de la NSA informó que el FBI había intervenido las comunicaciones de su equipo y sus empresas.

Esta entrevista y lo informado se mantienen en secreto, hasta que el candidato Trump denuncia las acciones ilegales que en su contra ejecuta la administración Obama.

No obstante la prensa no le otorga ninguna credibilidad. Pero el equipo de transición es trasladado a uno de sus campos de golf. Más tarde la denuncia del presidente electo es confirmada por el exdirector técnico del NSA.

La visita del almirante Rogers a Trump, no permanece oculta para el director del DNI (dirección nacional de inteligencia) James Clapper, involucrado en esta acción y quien solicita a Hussein Obama la destitución inmediata del almirante Rogers.

Dicha solicitud no es aprobada ya que el despido confirmaría la denuncia que hiciera el presidente electo y el escandalo afectaría a la administración saliente.

El V. O. M. mundial enfrenta al presidente

Tras una derrota electoral para la presidencia en los EE. UU., la actuación usual de un candidato perdedor es que vuelva a sus quehaceres, dejando la palestra política al presidente electo por el pueblo.

Lo que sucede en los EE. UU. finalizado este último evento resulta ser algo más que una simple elección presidencial, pues quién sufre la peor derrota el es el V. O. M., esa estructura oculta que decidiría quien sería el presidente.

Y es por esta razón que tanto la candidata derrotada Hillary Clinton como el expresidente, los exmiembros del gabinete, el CND (Comité Nacional Demócrata), los senadores y congresistas demócratas y los corruptos funcionarios públicos que permanecen en la rama ejecutiva judicial, así como la prensa que aseguraba que resultarían victoriosos, no abandonan el ruedo político.

Las consecuencias para la dirigencia son la perdida de posiciones desde donde se controla y desestabiliza a gobiernos del mundo y además perder el sitio que les permitía regir el destino de los EE. UU.

Por estos motivos no les es posible aceptar la derrota, y están decididos a improvisar la segunda etapa del plan: desestabilizar al nuevo gobierno, pero esta vez el tiempo es limitado ya que la gente que trabaja para ellos en el gobierno va a ser reemplazada. En consecuencia, el poder se verá rápidamente disminuido ya que su personal en agencias de inteligencia y los miembros del sistema judicial les son leales, serán reemplazados por la nueva administración.

Es por lo que deben actuar deprisa, apresurar las operaciones de desprestigio iniciadas y reforzarlas. Se trata de deslegitimizar la recién pasada elección, obstaculizar las propuestas para los nuevos nombramientos para así evitar perder influencia, e improvisar acciones en el congreso y en el senado que propicien condiciones para remover del cargo al recién electo Donald J. Trump.

Debemos entender entonces que en este momento en los EE. UU. no se encontraba en juego únicamente el elegir a un presidente, si no, que el resultado de la misma le pone fin al rumbo político al que la humanidad había venido siendo dirigida por el viejo orden mundial: <u>La globalización.</u>

La victoria de Donald Trump resulta brutal e inesperada. Este fue un golpe de timón que no previeron.

Me aventuro a especular que esta victoria no fue obra de la casualidad, si no que se trató de poner en marcha un plan perfectamente diseñado por un grupo de patriotas, con el objetivo claro de evitar el manejo colectivo de los pueblos del mundo por una minoría; <u>1 % de la población.</u>

El orden mundial fue sorprendido y no estaba preparado para reaccionar ante lo que era ¡imposible que sucediera!

Especulo que se trata de un grupo de patriotas, ya que enfrentar y hacer retroceder al enorme poder del V. O. M., no puede ser obra de una sola persona. Me atrevo a ponderar que se trata de una organización que por años se viene preparando y estudiando al enemigo y que sin duda profesa principios y valores diferentes ya que desaprueba el sometimiento de la humanidad a una dictadura mundial, a un gobierno global, a un grupo élite.

El personal al servicio de V. O. M. en la rama judicial ejecutiva de Hussein Obama, dejó muchos procesos efectuados en los que incumplió las normas de seguridad rutinarias. Esto posiblemente se produjo debido a la confianza que la prensa les generaba en cuanto al triunfo electoral de Hillary Clinton, así como a la premura con la que se vieron obligados a actuar. Gracias a esto los procesos judiciales que ahora se ejecutan, facilitan que la verdad de lo acontecido se revele expeditamente.

La derrota de esta estructura da indicios de que será ejemplar, es solo cuestión de tiempo y de completar procesos judiciales.

Reemplazar el viejo sistema de gobierno que se ve desprestigiado por el sistema judicial y de inteligencia de los EE. UU. será una tarea enorme, ya que afecta al país tanto internamente como en sus relaciones internacionales.

Devolver la confianza en las instituciones judiciales a los ciudadanos tomará tiempo; lo mismo que restablecer las buenas relaciones con países aliados y competidores. Se desprende de esto que ocurrirán cambios en gobiernos alineados a favor y en contra de la nueva dirigencia de EE. UU. así como la celebración de nuevos acuerdos comerciales, de defensa y cooperación. Esto y más será necesario.

El viejo orden mundial reacciona tardíamente, y las pruebas en su contra se acumulan a medida se consolida el nuevo gobierno.

El gobierno electo por el pueblo norte americano alcanzada ña fecha del 7 de julio del 2018, aún se considera se encuentra en transición, debido a que más de un centenar de funcionarios nombrados por el presidente electo, <u>aún no han sido aprobados por el senado</u> debido a la sistemática obstrucción del partido demócrata, la que ha sido consistente oponiéndose a todo lo que la nueva administración propone.

Las acciones desesperadas que los funcionarios del gobierno de Hussein Obama aún se ponen en marcha antes de ser removidos de sus cargos y se concentran principalmente en el sector inteligencia, departamento de estado y sistema ejecutivo judicial.

Considero que es importante estar al tanto de los escenarios en los que el nuevo presidente de los EE. UU. toma posesión de su cargo y con esto se logre representar lo que él como presidente puede o no hacer, además de dar a conocer las condiciones en las que se desarrolla la batalla para restablecer los valores que el poder judicial venía perdiendo.

Los cargos burocráticos en el gobierno que asume están ocupados por funcionarios de carrera así como por el personal nombrado por el gobierno anterior y sin duda también otros que provienen de otras administraciones están al servicio del V. O. M. Estas personas sin duda ven horrorizados la derrota presidencial y la perdida de sus trabajos en el mediano plazo.

Este personal en funciones se encuentra principalmente en la <u>Casa Blanca</u>, el Departamento de Justicia (<u>DOJ</u>), <u>Agencias de Inteligencia</u>, Secretarias de Estado (ministerios) y otras dependencias de gobierno. <u>Muchos de ellos alineados en contra del recién electo presidente.</u>

Numerosos de los nuevos nombramientos que hará el presidente deberán ser aprobados por el senado, cuyas nominaciones el partido demócrata tiene la agenda específica de obstaculizar estas nominaciones.

Resumiendo, el presidente electo inició sus funciones con un equipo de gobierno en su mayoría ajeno a sus propósitos y con miembros demócratas en el senado y el congreso quiénes se disponen a obstaculizar todos sus emprendimientos.

Además, deberá enfrentar a la prensa totalmente en su contra y sumar las ONG, e instituciones liberales financiadas por el V. O. M. cuyo fin es desestabilizar su gobierno. He omitido mencionar otros problemas con los que debe lidiar la nueva administración como la MS 13, los carteles de las drogas, y problemas heredados tales como Siria, Irán y Corea del Norte, etc.

Analicemos ahora la rama ejecutiva judicial: El DOJ (departamento de justicia)

La entonces directora Loretta Lynch, se despide el día 17 de julio de 2017, cuatro días antes de la llegada a la Casa Blanca del nuevo presidente electo. Sally Yates, la subdirectora queda a cargo del departamento de justicia.

Ambas han participado en la exoneración de cargos de Hillary Clinton por el delito de tener instalado un ordenador para almacenar información en su casa llamado servidor, violando así las normas de seguridad del estado, que ella juró cumplir al aceptar el cargo de Secretaria de Estado.

El Buró Federal de Investigación (FBI), sección de investigadores del DOJ, dirigido por James Comey quien exoneró de cargos a la señora Clinton y violó los procedimientos establecidos.

Posteriormente se comprobó que el decidió exonerarla de cargos antes de tomarle la correspondiente declaración.

Esta declaración inusualmente se llevó adelante sin que ella estuviese bajo juramento, y además posteriormente se otorgó la inmunidad a todo el personal del comité nacional demócrata, miembros del departamento de estado y miembros del comité de campaña involucrados en el caso.

Nadie del equipo Clinton, fue procesado por destruir con martillos, los teléfonos ni tampoco por borrar el contenido del disco duro del sistema computarizado instalado en su, casa para lo cual se utilizó BleachBit, un programa de computador especializado con el que se borran más de 30,000 correos electrónicos; otra violación a la ley que el director de FBI no consideró como prueba.

Asimismo, el director del FBI presenta información limitada como pruebas de la investigación del personal a su cargo, para que el DOJ las analice y tome la decisión de condenar o no a la exsecretaria de estado. Sin embargo él viola la ley, al declarar a la prensa que el Departamento de Justicia, al tomar como base las investigaciones realizadas por el FBI, "no encontrará causa suficiente para abrir investigación judicial en contra de la señora Clinton".

Esta declaración se da justo antes de llevar a cabo de la nominación presidencial del partido demócrata, lo que permite a la sospechosa participar y hacer fraude en la nominación para resultar electa como la candidata presidencial demócrata.

En los EE. UU. el presidente tiene por ley la facultad de nombrar y remover a funcionarios del departamento de justicia DOJ (fiscalía general) esto incluye al director de FBI, jefe del departamento encargado de llevar adelante las investigaciones para el fiscal general.

El presidente nomina al senador Jeff Sessions en noviembre del 2016 para el puesto de fiscal general, nombramiento que es aprobado por el congreso hasta febrero del 2017 y únicamente con los votos de los republicanos; dejando entonces claro los demócratas que van a dilatar todo nombramiento que haga el presidente.

Sin embargo, permanece en sus funciones el director del FBI James Comey, quien a su vez mantiene en sus puestos de trabajo a sus viejos y fieles colaboradores, involucrados en la exoneración de la derrotada candidata Hillary Clinton.

El período de transición al gobierno

Durante los primeros meses del gobierno de Trump, <u>la fuga de información confidencial de la Casa Blanca</u> como de otras secretarías de estado, a diario son noticia de portada de la prensa manejada por el viejo orden mundial.

Se sospecha que los responsables de esto son los <u>empleados de la administración Obama</u>, molestos por la derrota de su candidata y que esperan ser despedidos.

Como parte del gobierno de los EE. UU., <u>las agencias de inteligencia</u> desempeñan un papel importante. Dieciséis son las agencias y casi todas ellas mantienen en sus cargos durante el periodo de transición presidencial, a los directores nombrados por el gobierno de Hussein Obama.

Hay agencias de inteligencia llamadas independientes como la CIA y otras dependientes de secretarías como el Departamento de Defensa, el Departamento de Energía, el Departamento de Seguridad Nacional, el Departamento de Justicia, el Departamento de Estado y el Departamento de Tesoro.

A medida que trascurre el tiempo y se desarrollan las nuevas investigaciones se va identificando el personal, altos ejecutivos y directores en estás agencias que trabajan al servicio del (V. O. M.), y que favorecían la elección de la señora Clinton. Así se descubre que la acción en contra del presidente electo da inicio durante la campaña presidencial y no después de su elección como sé presumía.

En la tarea de espiar a Trump se involucra a ciudadanos inocentes y se elabora el expediente la Colusión Rusa, con el objetivo de desacreditar y evitar su elección.

Entre los directos de agencias de inteligencia, involucrados en desprestigiar a Donald Trump se encuentran el director de al CIA, el director de Inteligencia Nacional y el director de FBI, además de la dirección de Departamento de Justicia (DJO), acompañados por un selecto grupo de agentes de alta jerarquía.

En la actualidad casi dos años después, se cumplen las investigaciones judiciales que el nuevo gobierno lleva acabo y se prueba la participación de estos altos funcionarios.

La actividad anti-Trump se inicia durante la campaña, continua después haber sido electo y aún habiendo tomado posesión de cargo. Estos jefes de agencias de inteligencia se ven obligados a renunciar el 20 de enero 2017 día en que el nuevo presidente es juramentado. Este momento es considerado crítico para ellos, pues la nueva administración hará los nuevos nombramientos y el personal subordinado queda fuera de su control.

Vale la pena aclarar que la agencia de inteligencia perteneciente al Departamento de Defensa no fue cómplice de esta trama; y fue el almirante Michael Rogers, director de la NSA quién hizo del conocimiento del entonces candidato que en la Torre Trump estaba siendo espiado por agencias de gobierno. Allí se encontraba la sede del equipo de campaña.

Advertido el candidato lo denuncia a la prensa, la cual se burla de la acusación. Trump traslada entonces la sede del equipo de campaña.

Posteriormente el director del FBI James Comey, quien es ratificado por Trump en el cargo, tiene la obligación de informar al presidente electo de la situación del país y en su informe, ahora sabemos que ocultó información sobre el manejo de la investigación que se lleva en su contra. Sin embargo en la reunión con el presidente, Comey le asegura que él no es sujeto de investigación por el FBI y se guarda de informar sobre la falsedad de los expedientes presentados para conseguir la aprobación de las ordenes FISA, así como de que nunca fueron corroboradas por el FBI antes de presentarlos a los jueces respectivos y que este expediente es resultado del pago realizado por su rival político, el Comité Nacional Demócrata y el comité de campaña Clinton.

Hasta el 13 de julio 2018, las solicitudes presentadas para obtener las órdenes FISA, no se cumplen sino que permanecen en el departamento de justicia, a pesar de haber sido requeridas por el comité judicial del congreso en forma reiterada.

El nombramiento del fiscal especial Robert Müller, parece resulta ser ilegal, pues ha sido nombrado para investigar un delito no tipificado, mientras el proceso de investigación continúa y afectando la credibilidad del gobierno.

El director del FBI es confirmado en su cargo por Trump y mantiene al mismo grupo de agentes corruptos quienes se prestaron para exonerar de cargos a la candidata Clinton. Luego se sospecha que ellos son quienes filtran información confidencial a la prensa tradicional con el objeto de que el público pierda credibilidad en el presidente Trump y en sus acciones gubernamentales.

Gracias a las investigaciones de entidades privadas como Judicial Watch, Sara A. Carter y renombrados juristas como Joe diGénova, Victoria Toensig, Mark Levin, así como por comentaristas Rush Limbaugh, Alex Jones, Bill Mitchell, James O´keefe, entidades gubernamentales como el comité judicial del congreso y muchos otros patriotas, hasta febrero 2018 han ayudado a que 25 agentes y abogados corruptos del departamento de justicia y del FBI renuncien o sean despedidos por su participación en esta actividad ilícita, algo sin precedentes en la historia del país.

Sucede que luego de ser juramentado Jeff Sessions, cómo director del departamento de justicia (DOJ, Fiscalía en EE. UU.) da a conocer que el entonces senador ha conversado con embajador de Rusia en una recepción. La prensa eleva el escándalo y dice que Sessions por esta razón no puede involucrarse en el caso que estructura en contra de Trump. Esta noticia imprevistamente aparece filtrada a la prensa por el FBI.

Sessions manifiesta entonces que siguiendo consejo de sus asesores (entre ellos Rod Rosenstein) se excusa de participar en el caso de la Colusión Rusa. Esta acción la toma en forma inconsulta con el presidente le molesta al presidente pues recién lo había juramentado.

A partir de entonces en lo referente al caso de la Colusión Rusa, quien actúa como director titular es el segundo en el DOJ, Rod Rosenstein.

¡Curioso! Resulta entonces que Rosenstein resultara electo a su cargo con masiva mayoría de votos demócratas y republicanos en el senado, mientras que el director titular Jeff Sessions, apenas obtuvo los votos republicanos necesarios para ser electo.

Es entonces que da inicio una nueva etapa dentro del caso de la Colusión Rusa y en contra del presidente. El poder del V. O. M. muestra que está dispuesto a dar una dura batalla. Da inicio entonces lo que el presidente llama cacería de brujas.

Juzgue usted estimado lector:

Rod Rosenstein actuando como director en el caso de la Colusión Rusa, emite un dictamen para que el director del FBI J. Comey recién ratificado por Trump sea despedido. Jeff Sessions firma la recomendación y es enviada al presidente Trump.

Es importante que el lector conozca que el presidente tiene autoridad para nombrar y despedir a los funcionarios que dependen del poder ejecutivo. Entre ellos se encuentran miembros del Departamento de Justicia, (departamento que en nuestro medio representa la Fiscalía General de la República) y este cuenta con el FBI como encargada de las investigaciones.

La nota de Rosenstein, no hubiese sido necesaria para que el presidente despidiera al director Comey del FBI, pues él había decidido despedirlo antes de recibirla.

Pero el despido resulta entonces ser el motivo perfecto para que los congresistas demócratas acusen al presidente de obstrucción a la justicia argumentando que el presidente despide a quien dirige la investigación en su contra.

Esto de inmediato se promueve en ambas cámaras por los demócratas y republicanos obedientes al V. O. M. y resulta ser el detonante para nombrar al Fiscal Especial, quién deberá continuar la investigación en contra de Trump, pero con independencia del sistema judicial estatal. De esta forma, se salva momentáneamente el proceso el cuál perdía credibilidad.

La nota de despido la recibe durante un viaje al interior del país el entonces director del FBI James Comey, quién recientemente se había reunido con el presidente. La noticia de que ha quedado cesante de su cargo, lo obliga a regresar a casa por sus propios medios.

Su respuesta no se hace esperar y afirma tener pruebas en contra del presidente. Dice que buscará la instalación de un Fiscal Especial para que lo investigue. Será casualidad que esta era exactamente la estrategia que el V. O. M. ha preparado para alargar la desestabilización del gobierno de Trump.

Esto parece demasiada coincidencia en los sucesos y más parece ser un plan bien elaborado.

El partido demócrata ya esperaba que el presidente despidiera a director del FBI, y sus miembros mantenían actividades que pedían despojarlo del cargo. Ahora lo acusarían de "obstrucción de justicia", un nuevo cargo y se sumarían a la propuesta del corrupto ex director del FBI demandando la instalación de un Fiscal Especial para proceder con esta nueva acusación.

Este proceso aún sigue su curso y fue "casualidad" que el director en funciones del caso de la colusión rusa, Rod Rosenstein, fuera el mismo que al ser electo en el cargo recibió la mayoría de votos de los demócratas. Entonces en él recayó la responsabilidad de elegir al fiscal especial y designó para el cargo a <u>Robert Müller</u> exdirector del FBI y sospechoso de actividades ilegítimas en los gobiernos Bush y Obama. Igualmente, corresponde a Rosenstein y no a Sessions, el definir el alcance de la investigación.

Un nuevo calvario con filtraciones a la prensa y ataques de demócratas da inicio en contra de la administración Trump.

Por su lado la administración Trump, el congreso y el senado, en sus investigaciones judiciales poco a poco descubren como sé ha venido fraguando la trama en su contra.

Estos ataques en contra de Trump no son acciones aisladas, sino una serie de acontecimientos que, como olas, se montan para desprestigiar al presidente, ponerlo en ridículo y obstaculizar su gestión.

Estas acciones las preside la excandidata Clinton, quién aparece en los medios de prensa a su servicio denunciando que Rusia ha colaborado con Donald Trump para derrotarla. El congreso demócrata pide la destitución del presidente. Se realizan marchas pro aborto y organizaciones liberales como <u>ANTIFA</u> se manifiestan en varios estados, ricachones <u>artistas de cine</u> llamadas <u>celebridades</u> se unen a las protestas en las que se expresan mal del presidente.

Resulta entonces que además del ataque político, el gobierno debe enfrentar problemas heredados por la administración anterior como la migración ilegal y actos terroristas relacionados con migrantes de creencias religiosas <u>islamistas</u>, asesinatos de ciudadanos a manos de la <u>MS 13</u>, la epidemia de muertes causada por el consumo de <u>opio sintético</u>, el <u>abuso en el multimillonario programa</u>

de estampillas de comida y la violencia en ciudades como Chicago y esto sin incluir temas internacionales.

Los EE. UU., se encuentran en problemas.

La administración se ve obligada a tomar medidas correctivas dentro del marco legal y a hacer cumplir la ley. Se restringe la llegada a los EE. UU., de ciudadanos de los países islámicos siguientes: Chad, Irak, Irán, Libia, Somalia, Siria y Yemen ya que los migrantes de estos países carecen de récords de vida confiables en sus respectivos países.

Como presidente Trump ejerce un derecho constitucional, pero resulta que el sistema judicial ha sido seriamente corrompido durante los ocho años del gobierno anterior y algunos miembros del sistema judicial y de la fiscalía se atreven a pronunciarse en contra de las ordenes presidenciales y es hasta que la Corte Suprema de Justicia se pronuncia respaldando al presidente que la prensa disminuye sus agresiones.

Mientras tanto un nuevo ataque es preparado.

A pesar de lo que acontece el presidente trabaja a paso acelerado, realiza su primer viaje al exterior de forma exitosa, demanda a sus aliados a cumplir con sus obligaciones y se prepara para recortar los impuestos y derogar las regulaciones existentes que impidan la creación de empleos. Da paso al desarrollo de la autosuficiencia energética, anuncia la reapertura de minas de carbón, acero y aluminio. Así los EE. UU. inician su camino a ser de nuevo una nación productiva.

Pueden ahora valorar ustedes, amigos lectores cómo el viejo orden mundial maneja a sus peones, a sus asalariados.

Una de las primeras en expresar su desacuerdo con la restricción a los migrantes de países musulmanes, es Sally Yates, la subdirectora del departamento de justicia que proviene de la administración Obama. Y aunque los jefes de las agencias de inteligencia han renunciado, los subdirectores y otros empleados inferiores han permanecido en los cargos en que fueron nombrados por la anterior administración, por lo que nada se puede hacer hasta que el senado o congreso apruebe los nuevos nombramientos de las personas propuestas por el presidente.

El fiscal especial Robert Müller, encubre los atentados del 11 de noviembre de las Torres Gemelas fuera de que está involucrado en la venta de uranio norte americano a Rusia y está al tanto de la venta de armas al narcotráfico en México y otros casos que dejan duda de integridad.

El V. O. M. aun ejerce poder desde la sombra y logra mantener un estado de zozobra jurídica sobre la nueva administración. No están dispuestos a perder el poder.

Resulta lamentable para el fiscal especial es que los procesos judiciales que llevan adelante, hasta la fecha 13 de julio de 2018, no han arrojado pruebas en contra de la obstrucción de justicia o la colusión del presidente con Rusia para derrotar a la candidata demócrata.

Los senadores y congresistas demócratas, se mantiene al frente del desprestigio en contra del presidente y esto se va volviendo en su contra. Se espera que a causa de su testarudez pierdan escaños en ambas cámaras en las elecciones de noviembre. Igual suerte sufre los medios noticiosos quiénes continúan con las campañas de antipresidenciales; y las encuestas muestran que su audiencia se reduce cada vez más.

Es importante que se mantenga presente que durante más de sesenta años el V. O. M. han extendido su influencia en todo el mundo y los países con riqueza natural como el petróleo no ha sido la excepción; por esta razón pienso que es importante que se conozcan ciertas acciones que nuestra prensa pienso le dio una pobre o ninguna cobertura.

Aclaro que lo que relataré a continuación, considero que no sea casualidad, sino que más parecen acciones preventivas para restar poder a miembros del V. O. M. quienes cuentan con gran poder económico e influencia la que incluso influye en temas estratégicos regionales.

El día 21 de diciembre del 2017 el presidente Trump firma un decreto ejecutivo de emergencia nacional. Su contenido y consecuencias alcanzan lo más profundo de las estructuras globales del viejo orden en todo el planeta. Como consecuencia de esto se han dado suicidios, renuncias de altos dirigentes empresariales, y ciertos funcionarios de gobierno anuncian que no buscaran su reelección. Todas estas acciones se van dando a conocer después de publicado el decreto.

Pedofilia, tráfico humano y de influencias, delitos en contra del estado, violación a los derechos humanos, corrupción y otros delitos, se encuentran plasmados en el decreto el cual incluye una larga lista de empresas y personas cuyos bienes están sujetos a ser congelados en cualquier parte el mundo. En esta enorme lista aparecen decenas de miles de nombres de todo el mundo.

Un mes antes de la firma de este documento, se da la captura de <u>once príncipes en Arabia Saudita</u>, acción, que pocos consideran relacionada con el retroceso del V. O. M.; sin embargo hay un común denominador que es la riqueza excesiva mal habida por los involucrados.

También se puede pensar que fue casualidad que el <u>primer viaje del presidente electo</u> incluyera a Arabia Saudita Israel y el Vaticano, las capitales de las tres principales religiones del mundo.

Ya es tiempo de ampliar nuestra estrecha visión de los acontecimientos del mundo; continuar viviendo en el pasado, sinceramente, no lo recomiendo.

El grupo de países que promovían el comunismo ya no existen. ¿Lo sabías?

Existen gobiernos electos "democráticamente" que utilizan la dependencia de países del tercer mundo para someterlos a la voluntad de sus grandes corporaciones, exigiéndoles vender la banca, servicios y riqueza natural y una vez endeudados los obligan a seguir sus mandatos.

En la superficie de estos gobiernos tú crees que existe la libre empresa, pero en realidad esta es manipulada por el gobierno.

El Obama Care, en EE. UU., es ejemplo clásico del sometimiento de la industria farmacéutica y de seguros de salud al gobierno; además esta ley es un instrumento obligatorio para que el ciudadano que no puede o no desea pagar dicho seguro es forzado a pagar multas mayores que el costo de este. ¿Es esto democracia o dictadura?

El gobierno de Hussein Obama llamado democrático utiliza el aparato del estado, para forzar a sectores empresariales opositores a seguir sus mandatos. En otro caso para este fin se emplea el ente fiscal. Se amenaza con imponer gravámenes a las empresas cuyos dueños son rivales políticos y a les obligan hacer donaciones a organizaciones que favorecen al partido en el gobierno, este es el caso del IRS colector de impuestos en EE. UU., el que pronto ocupará las portadas de la prensa mundial.

De esta forma, actúan las dictaduras fascistas y comunistas según nos muestra la historia. En estos casos la diferencia es que esta acción se hace en secreto, simulando ser un gobierno demócrata cuándo la verdad es que están sometiendo, forzando a los ciudadanos y a las empresas, si no siguen sus mandatos.

En este sistema centralizado no se estatiza o arresta a los opositores, sino que se les obligan a cumplir lo demandado aplicando la conocida extorsión.

¡Amigo es tiempo de despertar y abandonar el rebaño!

Se cumplen 500 días de la nueva presidencia

El inspector general del departamento de justicia[1](IG) revisa el procedimiento conducido por el FBI sobre el caso del servidor ubicado en el sótano de la casa de la señora Clinton, durante el período en que ella servía como Secretaria de Estado y que viola las normas de seguridad que un secretario de estado ha jurado cumplir.

En ese servidor se manejaron asuntos confidenciales y se sabe que fue vulnerado por gobiernos extranjeros, quienes obtuvieron datos confidenciales del gobierno de los EE. UU. Lo anterior fue causa de la muerte agentes secretos americanos en otros países y de poner en riesgo la seguridad nacional.

La investigación que entonces llevó adelante el FBI, exoneró de culpa a Hillary Clinton precisamente antes de que ella se presentara a la nominación como candidata presidencial del partido demócrata; de esta forma, el caso concluyó con muchas anomalías.

El procedimiento irregular de los agentes del FBI y del departamento de justicia es la razón que condujo al nuevo gobierno a solicitar la intervención del IG para investigar el procedimiento y el comportamiento de los agentes que participaron en la investigación del caso

---

[1] La Oficina del Inspector General [Office of the Inspector General (OIG)] tiene jurisdicción para analizar programas y personal del Buró Federal de Investigaciones, la Administración de Control de Drogas, el Buró Federal de Prisiones, el Servicio de Alguaciles Federales, el Buró de Alcohol, Tabaco, Armas de Fuego y Explosivos, los Fiscales Federales, y todas las demás organizaciones en el Departamento.

El informe final del IG fue entregado al Congreso y Senado el día 14 de junio de 2018 y el <u>inspector general y el director del FBI</u> lo dieron a conocer públicamente ante el Comité Judicial del Congreso el 18 de ese mismo mes.

Paralelamente se han llevado acabo investigaciones por parte del fiscal especial, el senado, el congreso, así como por particulares; todas se desarrollan por separado.

El <u>fiscal especial</u> fue nombrado para investigar la supuesta intervención de Rusia en la elección presidencial que ganó Donald Trump y se desarrolla así:

1. La investigación del fiscal general especial la preside <u>Robert Müller</u>, quién investiga en principio la supuesta complicidad de Rusia con Donald Trump que conduce a la derrota de Hillary Clinton, seguida de la presunción obstrucción de la justicia, que se supone parte del despido del director del FBI James Comey.

Durante más de un año el equipo de Müller trabaja y hasta la fecha (16 de septiembre de 2018) no han presentado una tan sola prueba de que Trump y Rusia unieran esfuerzos para derrotar a la señora Clinton o de que se hubiese obstruido el desarrollo de la investigación del FBI.

Extraordinario resulta recapitular que entre los integrantes del equipo del fiscal especial que él mismo asigna, se encuentran investigadores y abogados, que absolvieron a la candidata Clinton en el caso de violación a la seguridad y que el resto de ellos fueron donantes en la recién pasada campaña presidencial demócrata.

Sin duda este no es equipo neutral o sin intereses, al contrario, muestra ser todo lo contrario, un equipo preparado para inculpar al presidente.

El comité judicial del congreso, quien conduce su propia investigación reveló que la CIA y el FBI, nombraron agentes para espiar la campaña presidencial de Trump. Esta acción crea más dudas de la honesta actuación de la alta jerarquía en las entidades de inteligencia de los EE. UU.

Resulta que quienes autorizan a estos agentes, son los mismos investigadores que exoneran a la Secretaria de Estado; todos ellos son miembros de agencias de seguridad y del departamento de justicia dependiente del poder ejecutivo de la administración de Husein Obama.

2. La investigación interna que conduce el IG, en el departamento de justicia revisa los procedimientos siguientes: 1. El nombramiento del fiscal especial 2. El manejo del caso de colusión entre Rusia y Trump, y añade un 3. La investigación del manejo del caso de "obstrucción de justicia", nueva acusación que pesa sobre el presidente, luego que despide al incompetente director del FBI James Comey.

La investigación de IG concluye lo mismo que el congreso: que los mismos investigadores y abogados que liberaron de cargos a la señora Clinton horas antes de la nominación demócrata, fueron también los encargados de buscar pruebas para condenar al presidente electo.

A medida que el procedimiento avanza el tema de las órdenes FISA, no puede pasar desapercibido.

Es en febrero 2018, que el comité judicial del congreso obtiene la orden que emitieran los jueces secretos FISA y se comprueba que su publicación no pone en riesgo la seguridad nacional. Acto seguido el congreso procede a solicitar al ejecutivo su aprobación para desclasificar los documentos para que el pueblo norteamericano conozca su contenido. La solicitud posteriormente es aprobada por el presidente.

Ahora se conoce que las órdenes FISA ahora se conoce que fueron obtenidas utilizando el expediente falso que financió el Comité Nacional Demócrata (CND) que en ese tiempo dirigía Hillary Clinton y su equipo de campaña.

Este expediente relata que el ciudadano Donald Trump, visitó Rusia para la celebración de *Miss* Universo en el 2013 y que contrató a prostitutas para que se orinaran en la cama en que Hussein Obama había dormido, durante una visita anterior a Rusia.

El pago para elaborar este falso expediente lo hace el CND (comité nacional demócrata) a través de la firma de abogados Fusión GPS que recibe el dinero y paga a Cristopher Steel, agente del servicio secreto MI 6 del Reino Unido, para que elabore el falso expediente de 35 páginas.

Conocida la irregularidad del contenido de las solicitudes sometidas a los jueces que emitieron las órdenes FISA, el congreso decide solicitar al DOJ la desclasificación de esas solicitudes elaboradas y firmadas por el FBI y el DOJ para solicitar la aprobación de las ordenes FISA.

Se pretende con esto conocer los nombres de los funcionarios que las firmaron y determinar su complicidad, así mismo si estaban al tanto de que el expediente utilizado para justificar la solicitud era falso y pagado por el partido demócrata. De esta manera, quedaría comprobada la complicidad de los firmantes al requerir dichas órdenes con el CND, quién pago por el expediente.

El procedimiento de solicitud a un juez FISA se tramita de la siguiente forma: el departamento de justicia elabora la solicitud adjuntando las pruebas pertinentes recabadas por el FBI y esta orden debe ser firmada por el director del departamento de justicia y del FBI en funciones.

El juez FISA recibe la solicitud y debe determinar si se justifica o no la vigilancia del ciudadano norteamericano implicado, si la aprueba y la solicitud es falsa, el juez quedaría implicado.

En el caso al que nos referimos, en la orden se solicitó autorización para espiar a miembros de menor importancia en el equipo de campaña de Trump y a través de ellos se investigaría a todos los que con él se contactaran.

La orden fue aprobada en cuatro oportunidades pues estás órdenes tienen una validez de 90 días. Esto permite al juez conocer del avance de la investigación y puede decidir si renueva o no la orden.

El comité judicial del congreso lleva meses solicitando al FBI y al departamento de justicia que proporcione las solicitudes emitidas por el DOJ y se han negado reiteradamente.

Ahora se conoce que los jueces FISA nunca fueron informados de que el comité nacional demócrata y el equipo de campaña de señora Clinton, pagaron por la elaboración, del expediente falso que se presenta como prueba.

Todo esto refuerza la hipótesis de que los firmantes de las solicitudes para obtener las órdenes FISA, sabían que se basaba en el expediente falso pagado por el partido político de oposición y esto convierte a los firmantes en cómplices del partido demócrata, culpables de violaciones a la ley, delito con penas de más de diez años en prisión.

Finalmente, los documentos son entregados por el DOJ y conocemos quiénes son los que suscriben estas solicitudes: por el FBI: el despedido ex director de dicha institución, James Comey quien firma en tres ocasiones y Andrew McCabe, subdirector y director en funciones entonces que firma una vez. Por el departamento de justicia firman Sally Yates subdirectora y en aquel tiempo directora en funciones, quien fue despedida y Dana Boente, subdirectora en funciones, así como Rod Rossentein actual director en funciones en este caso.

Rossentein es quien en la actualidad dirige la investigación y es el actual subdirector de DOJ y el funcionario que nombra al fiscal especial, es decir, que está involucrado ya que firmó la solicitud de orden FISA no obstante estar al tanto de su falsedad. De todos los firmantes, Dana Boente y Rod Rossentein son los únicos que actualmente trabajan en la institución.

Posteriormente se dio a conocer la existencia de correos electrónicos entre Peter Strzok (ahora miembro del equipo del fiscal especial) y Lisa Page su amante abogada del FBI; en dichos mensajes se revela el odio hacia Trump y estos correos son causa del despido de Strzok como líder investigador del fiscal especial, así como de su degradación dentro del FBI.

Este agosto 2018 Strzok, se vio forzado a presentarse a declarar sobre el caso ante el congreso, primero en forma privada primero y posteriormente pública. Lisa Page, también lo hizo, pero solo en forma privada ante el congreso. Ella declara, como testigo y en contra de su amante y quienes desestabilizan el gobierno.

Conociendo nombres y cargos de quienes firmaron las solicitudes FISA, se deduce que las mismas se suscribieron sabiendo que las pruebas usadas para justificar la petición eran falsas. Por esta razón el caso en contra de Trump montado por el V. O. M. y sus servidores han perdido fuerza.

Ahora crece la duda sobre la imparcialidad de los jueces ya que se supone que fueron engañados.

Al conocer estos detalles ellos deberían demandar a los autores de engaño; sin embargo hasta agosto de 2018, los jueces no se han pronunciado sobre aquellos que omitieron informar el fraudulento origen de las pruebas presentadas.

Finalmente, el departamento de justicia ha brindado cuatro páginas de las solicitudes y es posible confirmar ahora los nombres y posiciones de los agentes involucrados tanto en la exoneración de la señora Clinton como en el intento de descarrilar la administración Trump al tratar de comprobar su intervención con Rusia para ganar las elecciones del 2016. Todos estos funcionarios fueron nombrados por el poder ejecutivo de la administración Obama. Lo anterior de nuevo deja en duda la legalidad de la elección del fiscal especial, ya que su nombramiento se dio sin haber determinado un delito pendiente de investigar y sabiendo que el expediente en que se basa la investigación no tiene legalidad alguna.

Por lo anterior deberá probarse entonces que el caso se abrió ilegalmente y que su único propósito es perjudicar la imagen del presidente y desestabilizar al gobierno de los EE. UU.

Entre los funcionarios dependientes de Husein Obama en la rama ejecutiva, se encuentran los siguientes:

1. El director de la CIA, John Brennan el primero en ocupar este cargo habiendo sido comunista y además practicante del islamismo. Se rumora que él es parte de la conspiración pues Peter Strzok es miembro de la CIA que trabaja para el FBI y quien fue investigador del fiscal general hasta ser despedido luego de revelarse los correos con su amante.

2. El director de Inteligencia Nacional, James Clapper, quien siempre manifestó su disgusto por Donald Trump y llegó a acusarlo de trabajar para Rusia. Este era el encargado de la inteligencia para el presidente Hussein Obama.

3. La directora del DOJ (Departamento de Justicia) y jefa del director del FBI Loretta Lynch. Los nombramientos de estos dos cargos los hizo el entonces presidente Hussein Obama.

El ya citado director del FBI, James Comey, quien fue despedido por el presidente Trump y quien cometió un delito al hacer pública, una información confidencial, quien además mintió al congreso estando bajo juramento y promovió con los demócratas en el establecimiento del fiscal especial para investigar la colusión rusa con el entonces candidato Donald Trump.

Sally Yates, directora en funciones del DOJ, tras la renuncia de Loretta Lynch. Fue despedida por hacer público su desacuerdo con las restricciones migratorias a países islámicos impuestas por el presidente Trump y firma una de las solicitudes FISA.

EL subdirector de FBI Andrew McCabe, quien asumió la dirección del FBI tras la salida de Comey, hasta que fue despedido tras una investigación del IG. Su esposa corrió como candidata al senado de Virginia y recibió una jugosa donación del partido demócrata.

Rod Rossenstein, director en funciones del departamento de justicia tras excusarse Jeff Sessions del caso de la colusión rusa, resulta ser firmante de la última de las solicitudes a la corte FISA y en el recae el nombrar a Robert Müller como fiscal especial sin que haya delito que investigar. (Aún se encuentra en funciones).

Bruce Ohr, director de la sección de crimen organizado y drogas del DOJ y a cargo de la subdirección asociada a la fiscalía general, es aparentemente el facilitador al FBI del expediente falso que se utiliza en contra de Trump. Su esposa Nellie trabajó para la empresa Fusión GPS y durante ese período esta empresa recibió dinero del CND y es la que pagó a Cristopher Steel para que se elabore el expediente falso.

Peter Strzok, agente de la CIA y subordinado del director de esta, John Brennan. Strzok es designado a trabajar en el FBI como agente de contrainteligencia. Era el líder en las dos investigaciones: Clinton y Trump en el FBI y además es nombrado en el equipo del fiscal especial. Fue también despedido.

El panorama se aclara y cabe la pregunta: ¿Será posible que directores y agentes fueron capaces de instrumentar sus instituciones, infringiendo la ley y sin conocimiento de sus superiores? La violación y abuso de la ley en este nivel gubernamental, ¿pudo haberse instrumentado sin la participación de Hillary Clinton y Hussein Obama? ¿Estarían Obama y Hillary involucrados?

Hillary Clinton no abandona la palestra política y en forma recurrente aparecen desprestigiando al presidente cada vez que la situación empeora para los demócratas e incluso se atreve a interferir en acciones de nivel de política internacional. Este tipo de actividad no se ha registrado antes en la historia política de EE. UU. ¿Será casualidad o es un trabajo para dilatar la caída del V. O. M.?

Posteriormente al testimonio del inspector general Horowits, las investigaciones continúan y la maquinación sigue aclarándose.

La desclasificación de la solicitud de las ordenes FISA fue aprobada por el ejecutivo y devuelta al congreso para hacerla del conocimiento público.

Se espera que muy pronto se den a conocer al público, los documentos desclasificados. Este proceso se ha dado ante una feroz oposición demócrata, cuyos miembros ven caer su reputación y en su defensa buscan descarrilar los esfuerzos de paz con Corea del Norte, el acercamiento con Putin, y el reclamo a la UE para cumpla con sus obligaciones financieras de defensa.

La campaña anti-Trump sube de tono a medida que las pruebas en contra del montaje demócrata se revelan.

Solicitudes de órdenes FISA

Después de la desclasificación de las solicitudes para obtener las ordenes FISA, se sabe que el actual subdirector de Justicia, es firmante de la última solicitud. Esto, lo convierte en testigo del caso de la Colusión Rusa, por lo que debería excusarse. Ya que al firmar esta solicitud se volvió cómplice de utilizar un expediente falso para investigar al presidente electo de los EE. UU.

Curiosamente el fue nombrado por el presidente Trump y resulta ser quien recomienda el despido del director del FBI James Comey quien al ser despedido por el presidente, anuncia que el nombramiento de un fiscal especial se hace necesario.

Resulta que ahora sabemos que fue quién aconsejó a Jeff Sessions, director propietario del departamento de justicia a que renunciara a presidir al cazo de la colusión rusa, pues podía ser llamado como testigo ya que siendo había senador, conversado en una recepción con el embajador ruso en Washington.

Sessions aceptó el consejo y automáticamente se convirtió en director en funciones para el caso la colusión rusa a seguirse en contra del presidente electo. Una vez nombrado en este cargo queda facultado para nombrar al fiscal especial y su función pasa ha ser la de supervisar al fiscal especial en la investigación sobre la supuesta obstrucción a la justicia del presidente Trump. Pesquisa que se desprende del despedido al director del FBI a la que el presidente por ley esta facultado y que él mismo recomendó se ejecutará.

Este nombramiento de fiscal especial se da por la demanda que hacen los miembros del partido demócrata apoyados por una fuerte campaña de prensa. Todos estos actos se dan de forma planificada, nada se deja al azar.

Lentamente se van desclasificando los documentos, los últimos fueron las solicitudes FISA y otros documentos que Rosenstein ha pretendido que no sean conocidos por el comité judicial del congreso ya que dejan al descubierto su participación y la de sus cómplices.

El presidente manifiesta reiteradamente que él no desea involucrarse en esto no obstantes su autoridad para ello, hasta que la rama judicial que depende del ejecutivo se responsabilice y cumpla con su obligación.

<u>Al darse a conocer las solicitudes FISA</u> en julio del 2018, Rosenstein queda implicado pues es firmante de la última solicitud aprobada para investigar al presidente. Con este acto ha avalado el expediente falso que nunca fue comprobado por el FBI y que fuera financiado por el comité nacional demócrata. Además, que las noticias de prensa, añadidas a la solicitud FISA, fueron proporcionadas a los medios por el mismo agente inglés autor del falso expediente; al mismo tiempo estaba al tanto de las filtraciones ilegales a los medios que hacían agentes del FBI.

En septiembre de 2018 aún se debate si ha sido ilegal el nombramiento del fiscal especial que Rosenstein hiciera y que demanda millones de dólares de quienes pagan impuestos para su funcionamiento. Se sostiene que el nombramiento se da sin haberse tipificado la existencia de un delito a investigar.

Esto además se suma a que él procedido a nombrar al fiscal especial basándose en documentos confidenciales que ilegalmente filtrara al exdirector del FBI a la prensa, a través de un amigo.

Nuevamente surge la interrogante: ¿Existe coordinación entre quienes creían que si Hillary resultaba electa ellos pasarían a un retiro de seis cifras y el V. O. M.?

Por su puesto, las solicitudes a las cortes secretas FISA se han desclasificado tras más de dieciocho meses de investigación y obstrucción por el mismo departamento de justicia. Resulta evidente que el DOJ es quien demora la entrega de documentos al congreso, ya que al entregarlos es el mismo departamento de justicia y sus corruptos miembros, quienes resultan perjudicados.

Mientras tanto el fiscal especial mantiene bajo acoso judicial, mediático y político al presidente Trump y al gobierno y hasta julio del 2018 aún no ha sido capaz de presentar pruebas en su contra.

Ahora se conoce que la esposa del exsubdirector FBI Andrew McCabe, despedido por solicitud del inspector general Horowits, recibió más de medio millón de dólares en contribuciones del partido demócrata para financiar su fallida campaña, con la que pretendía ganar un asiento en el senado del estado de Illinois. También se sabe que la esposa del subdirector Rosenstein, fue antes la abogada de la señora Clinton. ¿Casualidades?

Cómo mencioné en páginas anteriores Peter Strzok y Lisa Page, han sido los últimos miembros de este corrupto grupo de agentes que han declarado ante el congreso.

Strzok ha negado que todo lo que revelan las comunicaciones con Page han políticas, así como que su preferencia por la candidata Clinton y su favoritismo político hayan influido en su investigación en contra del presidente Trump, él ha testificado ante el congreso, tanto en privado como públicamente.

Lisa Page, quien es abogada de FBI, ha colaborado con la investigación y declarado únicamente en forma privada al congreso. Sin embargo ha contradicho todo lo afirmado por Strzok, proporcionando al congreso información adicional al congreso que ha permitido que se soliciten nuevos documentos al departamento de justicia a fin de aclarar más está trama que se maneja también como un intento de golpe de estado en contra del presidente Trump.

La espera no es grata para quienes desean que se descubra la verdad, pero los procesos judiciales deben desarrollarse conforme a la ley, y eso los hace lentos ya que implican el desclasificar documentos, y es el FBI y al DOJ a quienes corresponde decidir si revelan o no la información solicitada. Para mantenerlos en secreto ellos aducen que pertenecen a una investigación en desarrollo, o que podría resultar en un daño a la seguridad nacional.

Estas actitudes tensan las relaciones entre los congresistas y la rama judicial ejecutiva y dilata que el público conozca de los hechos, ya que, finalmente es el presidente quien tiene la autoridad para dar a conocer todo documento que se considerada clasificado.

Investigaciones privadas como las de Judicial Watch y sus demandas judiciales han contribuido a que las cortes ordenen a distintas entidades que los documentos solicitados se revelen al público.

Lo cierto es que a pesar de que el desprestigio y las amenazas a muerte hacia Trump aumentan, el retroceso del viejo orden mundial no se detiene.

Las elecciones de medio término

Se aproximan las elecciones llamadas de medio término las cuales se llevarán acabo el 6 de noviembre 2018 y se muestran halagadoras para los republicanos, gracias a las numerosas promesas de campaña cumplidas por el nuevo gobierno.

Los republicanos deben sumar senadores y congresistas, para evitar el boicot demócrata y cumplir plenamente con la promesa de volver a hacer grande su país.

Logros de la administración Trump

Logros políticos económicos nacionales

En poco más de 18 meses el nuevo gobierno ha logrado revitalizar la economía. El optimismo es alto entre los inversionistas ya que se reduce el déficit comercial, se repatrían capitales y hay más plazas de trabajo disponibles que desempleados: las tasas del desempleo de afroamericanos, latinos y asiáticos, son las más bajas de la historia; la de mujeres, la más baja en 65 años y se han añadido cuatro millones de plazas desde la elección, registrándose el más bajo nivel de desempleo en 50 años.

Las industrias del acero, carbón y el aluminio reabren plantas. Estados Unidos ahora es exportador de gas licuado, está produciendo petróleo y gasolina, y va en busca de su autosuficiencia energética; los salarios han empezado a subir y las regulaciones que impedían el crecimiento han sido derogadas. La generación de empleo supera toda expectativa, las nuevas inversiones demandan más trabajadores.

El crecimiento económico del segundo trimestre abril – junio 2018, alcanza el 4.2 %. El presidente considera que este crecimiento es sostenible y agrega que pronto se comenzará a pagar la deuda acumulada de $ 21 trillones de dólares.

Las dos administraciones pasadas alcanzaron solo un promedio de 1.8 % de crecimiento económico anual.

Es importante conocer que el crecimiento de un punto porcentual (1 % PIB), en la economía de EE. UU., representa aproximadamente la generación de tres trillones de dólares y la creación de 10 millones de empleos.

Más de 300 billones de dólares han vuelto a los EE. UU., desde que los impuestos se redujeron. El presidente estima que esta repatriación de capitales alcanzará los 400 billones de dólares. Solo la empresa Apple está repatriando 230 billones de dólares e invirtiendo en nuevas plantas en los EE. UU. Durante este gobierno más de 400,000 empleos se han creado en la industria manufacturera.

El déficit comercial se ha reducido en 52 billones de dólares y las exportaciones han crecido un 20 %.

El empleo para trabajadores discapacitados ha aumentado; los veteranos reciben atención médica sin demora; el nuevo plan de salud permite que las empresas de seguros puedan competir en todo el territorio nacional pues la restricción estatal fue abolida y se espera que la competencia baje los costos de los seguros médicos. Además, se trabaja en un plan de nacional de salud.

El acuerdo de desnuclearización de Corea del Norte continúa desarrollándose y cómo muestra de las buenas relaciones, ese país aceptó repatriar los restos mortales de los primeros norteamericanos fallecidos durante la guerra entre las dos coreas hace más de 50 años. El vicepresidente Mike Pence, fue el encargado de presidir la ceremonia para recibirlos en Hawái.

Los miembros de la alianza militar OTAN han empezado a pagar las cuotas adeudadas proporcionales del 2 % del PIB para su defensa, exigidas públicamente por el presidente Trump.

El acuerdo comercial con Corea del Sur fue uno de los primeros en lograrse; el acuerdo con Japón también se suscribió y el acuerdo comercial con la Unión Europea va por buen camino; se acuerda llegar al acuerdo de tarifa 0 % y lograr convenios para eliminar los subsidios a los productos agrícolas.

La importación de soya por parte de Europa comenzará de inmediato, aliviando las sanciones impuestas por China, con quién las negociaciones comerciales están en marcha. Con Europa México y Canadá el tema de las tarifas a los automóviles aún se discute. EE. UU., a cambio del progreso en la negociación con la UE, dejó sin efecto los aranceles recién aplicados a la importación de aluminio y acero.

La reunión en Helsinki entre Trump y Putin fue un evento al que el viejo orden mundial se opuso, incluso instrumentando a sus miembros dentro del <u>departamento de justicia</u> y toda <u>la prensa bajo su control</u>, para evitarla.

Finalmente, se está negociando el segundo encuentro entre <u>Putin y Trump</u>. La oposición a que estas reuniones se realicen parece radicar en que Putin de la misma manera que Trump, consideran una amenaza al viejo orden mundial.

En América, Donald Trump fue el primero en felicitar al presidente de México, Andrés Manuel López Obrador (<u>AMLO</u>), incluso antes de ser reconocido por el ente electoral mexicano.

El gobierno de Trump envió <u>una delegación</u> para reunirse con Andrés Manuel López Obrador (AMLO), esto indica la importancia que México como nación representa para los EE. UU.

El presidente electo de México por su parte dirigió una misiva a Trump. Días después <u>este respondió</u> manifestando estar de acuerdo con la propuesta del primero. Entre los temas que AMLO menciona en su misiva, está el migratorio, por ello y ambos han acordado en <u>invertir en forma proporcional</u> en el sur de México y Centro América para crear las condiciones de vida necesarias y evitar así la migración por falta de empleo.

Todos los logros mencionados, tanto internos como externos, considero que sumaran votos a favor del partido republicano en la elección de noviembre; México a su vez ganará independencia y esto restará poder a la globalización pretendida por el viejo orden mundial.

La batalla continúa.

Nadie escapa a la verdad

John Solomon es un renombrado periodista quién ha obtenido varios premios como investigador; y es vicepresidente ejecutivo de The Hill y previamente trabajó para AP, WaPo, TWT y Circa.

Solomon nos ofrece nueva información que contribuye a trasparentar más los resultados de otras investigaciones que se llevan acabo y que sólo buscan menoscabar la imagen del presidente Trump y su gobierno.

Muchas son las interrogantes que esperan respuesta: ¿Cómo se exonera de culpa a Hillary Clinton?, ¿De qué manera se establece el plan con el que se pretendió evitar que el candidato Donald Trump ganara las elecciones? Y una vez electo ¿Quiénes son los involucrados en su desprestigio, nombramiento del fiscal especial y como han procedido estas personas a burlar la justicia y entorpecer nombramientos y acciones para vilipendiar al recién electo mandatario?

Todas estas preguntas empiezan a tener respuesta.

Suponiendo de que Hillary Clinton hubiese ganado la presidencia, ocultos hubieran permanecido los protagonistas y hechos siguientes: Uranio uno, la venta del 20 % de uranio norteamericano a Rusia; la muerte del embajador de EE. UU., en Bengasi; la venta de armas a los cárteles de la droga en México a través de la Operación rápido y furioso; el lavado de dinero de la Fundación Clinton y la Iniciativa Clinton. Además, aún se sospecharse de la venta de otros secretos norteamericanos a potencias extranjeras.

Ahora se sabe que en Julio 2016 en el hotel Mayflower, se llevó la primera de repetidas entrevistas entre Bruce Ohr, subdirector asociado del departamento de justicia y el ex agente británico Cristopher Steel, quién elaborará el falso expediente con el que pretendía relacionar al entonces candidato Donald Trump con intereses rusos que se suponen buscan la derrota de Hillary Clinton.

Recordarán que el nombre de Bruce Ohr anteriormente mencionado pues ocupaba el puesto de subdirector asociado del fiscal general puesto número cuarto en la jerarquía del DOJ.

Ohr, fue retirado del cargo de subdirector asociado a la fiscalía general el 6 de diciembre de 2017 y luego fue removido como cabeza de la fuerza conjunta del crimen organizado y drogas el 8 de enero del 2018, pues se comprobó, que actuó como enlace no oficial, entre la empresa Fusión GPS y el FBI.

Fusión GPS es la empresa donde trabaja su esposa de Nelly Ohr: la empresa es dirigida por Glenn Simpson quién contrató a Cristopher Steel agente inglés autor del falso expediente.

Fuentes oficiales consultadas afirman que el retiro de Ohr de este último cargo se debe a que ocupaba dos puestos simultáneamente: el de director de la oficina encargada de crimen organizado y drogas, y el de subdirector asociado, hecho que no es usual en la institución.

Se conoció horas más tarde que la verdadera causa de la remoción del cargo de Bruce Ohr se debió a que no informó a sus superiores de las más de setenta entrevistas con el ex espía británico y quien era empleado de Glenn

Simpson director de Fusión GPS, empresa en donde labora su esposa Nelly, quien también sé encuentra involucrada. ¿Casualidades de la vida?

Esta última empresa recibió dinero del comité nacional demócrata (CND), y de "Hillary por América", nombre del fondo de campaña de la señora Clinton para que elaborara el expediente falso.

El agente británico, es además confidente asalariado del FBI. Steel fue más tarde despedido por filtrar información a la prensa.

Ahora se sabe que el FBI recibió el expediente de manos de Bruce una vez Steel fue despedido. También se conoce que su contenido nunca fue comprobado por el FBI, ya que no se siguió el procedimiento de ley y a pesar de esto se utilizó para obtener la autorización de vigilancia FISA en contra de ciudadanos norteamericanos.

Este expediente fue entregado en julio del 2016 al FBI y se supone sus superiores no sabían de esta actividad; esto acontecía días antes de la nominación de Trump como candidato presidencial.

Tras dieciocho meses de investigación se obtiene información de que el FBI mantenía en su planilla al ex espía británico como facilitador información. ¿Casualidad?

En su declaración al comité judicial del congreso, el despedido director del FBI James Comey reconoce que el expediente en mención nunca fue verificado por el FBI, no obstante, esto fue utilizado como prueba para obtener las ordenes de la corte FISA.

Con estas órdenes FISA se consigue a espiar a los norteamericanos Carter Page y George Papadoupoulos, activistas en la campaña de Trump y a todas las personas que se comunican con ellos.

Las ordenes FISA deben ser renovadas cada 90 días y esta fue renovada cuatro veces, una al inicio de la campaña, dos veces durante la campaña y la última habiendo sido electo Trump.

Para su proceso esta solicitud debe llevar las firmas de los directores del DOJ y del director del FBI.

Hasta la fecha el fiscal especial, quién ha gastado varios millones de dólares de impuestos recaudados, no ha acusado a <u>Carter Page</u> ni a <u>George Papadoupoulos</u> sujetos de investigación. ¿Casualidad? Pero el caso en contra del presidente continúa abierto.

Estas acciones a todas luces ilegales dañan no sólo la reputación de ciudadanos inocentes, si no que también resta credibilidad a instituciones del estado norteamericano en las que su pueblo confía. El V. O. M. y sus asalariados destruyen instituciones y naciones con el único objetivo de mantener su y riqueza.

La investigación que sobre Bruce Ohr, han sido realizado investigadores independientes y refuerza los resultados de las investigaciones anteriores. El DOJ es quien menos pruebas ha aportado para despejar las interrogantes sobre este caso.

Ohr al presentarse ante el comité judicial del congreso sabe que si colabora con la investigación la sentencia que recibirán él y su esposa podrá aliviarse; es por ello decide colaborar.

Sobre el tema cito a un jurista y un militar retirado ambos de prestigio, para que el lector pueda comprobar la trascendencia del tema tratado:

Joseph di Génova es un abogado quién ha servido como Ministro de Justicia de los Estados Unidos en el Distrito de Columbia de 1983 a 1988, y expresa lo siguiente: "La confabulación para evitar la victoria de Donald J. Trump y exonerar de culpa a Hillary Clinton señala como cómplices a: James Clapper del DNI, John Brennan de la CIA, James Comey del FBI y Loretta Lynch del DOJ".

Todos los mencionados, son funcionarios dependientes del poder ejecutivo de Hussein Obama. Pregunto: ¿pudieron ellos actuar violando la ley sin que el presidente lo supiera?

El teniente general **Thomas McInerney**, ya retirado afirma que Hussein Obama junto a Hillary Clinton han violado la ley denominada el Acto de Espionaje, al instalar un servidor en su casa y al utilizar la Fundación Clinton para recibir dinero a cambio de favores políticos. Y manifiesta "que la trama montada acusando a Donald Trump es para impedir que investiguen las violaciones al Acto de Espionaje cometido por ellos".

De ser condenados, manifiesta el general, "deberían pagar una condena por traición de 10 años en prisión". Susan Rice, la ex asesora de seguridad nacional de Hussein Obama, podría ser la persona más indicada para iniciar esta investigación, añade el general.

John Solomon, nos informa de otra importante noticia; y es que Edward William Priestap, conocido como: Bill Priestap jefe de contrainteligencia del FBI y agente que ha colaborado con las investigaciones del congreso y el departamento de justicia del gobierno actual, se presentó como testigo a declara en forma confidencial ante el comité judicial el congreso.

Priestap fue el jefe directo de Peter Strzok, quien como se ha dicho, fue el responsable de la exoneración de la señora Clinton y quien dirigió para el fiscal general la investigación en contra del presidente. Además, ha sido el encargado de supervisar a Peter Strzok en los casos de Hilary Clinton y la Colusión Rusa y conoce el tema de los correos electrónicos de Hillary y de los de Strzok con su amante Lisa Page.

Después de su testimonio los congresistas afirmaron que las respuestas de Priestap fueron directas; sin embargo, no pueden dar información sobre el testimonio ofrecido ya que fue confidencial; pero sin duda, mas información han sido revelada.

Se ha sabido que próximamente el inspector general IG presentará un nuevo informe ante el comité judicial de congreso.

Es indudable de la mala intención de quienes han corrompido y pretenden burlar la justicia en Norteamérica, sin embargo, su estructura se desmorona lentamente ante la verdad que se descubre día a día.

Tres de los cinco ojos, involucrados

Sara A. Carter, es periodista e investigadora de gran reputación en los EE. UU., y recientemente ha descubierto sobre el caso del supuesto involucramiento de Rusia en las elecciones del 2016.

Tanto su despido como las denuncias interpuestas pudieron haber pasado desapercibidas, pero el caso de la intervención rusa en las elecciones del 2016 y la amistad de Chelsea Clinton con un grupo empresarial, prueban que su destitución fue injustificada.

Este hallazgo viene a cerrar el círculo en el que el protagonista es un profesor de apellido Halper, de nacionalidades estadounidense y británica, quien imparte cursos sobre inteligencia en la universidad de Cambridge, Inglaterra. Halper trabaja además como de contratista del departamento de defensa y como espía para la CIA y utilizó sus conexiones con jefes de inteligencia de EE. UU. Europa y Rusia para involucrar en la intriga a un inocente ciudadano norteamericano.

Además, aparentemente facilitó el contacto con el agente británico Steel quien resultó ser empleado de un jefe de inteligencia británica que imparte cátedra en la universidad de Cambridge y quien resultó ser el autor del expediente falso utilizado para obtener las ordenes FISA.

¿Por qué se consideró necesaria la participación inglesa y australiana, en el intento de burlar la justicia norteamericana y descarrilar la campaña del candidato Trump, así como la posterior búsqueda de su desprestigio?

El investigar a sus nacionales no se permite en los Estados Unidos, y esto probablemente conduce a que el presidente Hussein Obama, solicitara la colaboración del servicio secreto MI6 del Reino Unido, miembro del llamado club de los Cinco Ojos, alianza de agencias de inteligencia que intercambian información. El que los EE. UU. haya solicitado a los ingleses que espiaran a norteamericanos permitió a las agencias de EE. UU. evadir leyes locales y liberar de culpa a los involucrados.

Este contacto con la inteligencia inglesa aclara como fue escogido e involucrado Carter Page. También se sabe que un diplomático australiano fue quién involucra al otro ciudadano norteamericano George Papadapulous quien también termina involucrado en las ordenes FISA. Además, se conoce que ese embajador influyó para que el gobierno de Australia donara una millonaria suma de dinero a la Fundación Clinton. Australia también es miembro del acuerdo de inteligencia de los cinco ojos. ¡Más casualidades!

De esta manera, resultaron involucrados dos norteamericanos inocentes quienes fueron los chivos expiatorios, incluidos en las solicitudes de las ordenes FISA del caso de la Colusión Rusa.

La actual situación judicial actual en los EE. UU., afecta la estabilidad del país, mantiene enfrentados a partidos y población y además proyecta una mala imagen hacia el exterior.

Se avecina el evento electoral de medio término y eso parece inclinar al partido demócrata a dilatar toda toma de decisiones del nuevo gobierno.

El viejo orden mundial, Hillary Clinton y Hussein Obama están dispuestos a sacrificar a sus peones en busca de salir bien librados y conservar algo de poder. Más de veintiséis miembros del DOJ y FBI son los que han renunciado, o sido degradados o despedidos; esto no tiene precedente histórico.

A continuación, me permito detallar un listado de los involucrados en esta investigación sin precedente en la historia de los EE. UU.

Departamento de Justicia

Los apellidos señalados en color rojo indican que estos abogados y agentes están cooperando con la investigación que lleva a delante de Comité Judicial del Congreso.

Varias son las personas que se están investigando dentro del mismo caso y que se desempeñan en diferentes secretarias, agencias de inteligencia, miembros del comité nacional demócrata y de la campaña Clinton. En la lista incluso figuran extranjeros a quienes se señala como involucrados en el caso.

Además, en esta trama que trata de poder a nivel mundial, no podían faltar personajes del selecto pero corrupto grupo billonarios, varios de ellos se han visto obligados a renunciar de sus cargos para evitar mayor desprestigio.

Es evidente que este caso es complejo y por lo tanto su resolución tomará años; esperemos que menos de los que les tomó a ellos llevar al mundo a punto de ser gobernado por una élite sin escrúpulos.

La situación que se vive en los EE. UU., no es sólo política esta involucra también temas militares, tratados de comercio y relaciones diplomáticas, campos en los que el viejo orden mundial cuenta con aliados que defienden sus posiciones ferozmente.

No obstante, lo anterior, confío en que el poder volverá a los pueblos y esas élites deberán someterse.

El presidente se ve obligada a actuar

A medida que la investigación avanza, los agentes puestos al descubierto y que ahora colaboran en el mismo, así como las investigaciones desarrolladas por particulares arrojan cada día más información.

Nuevas pruebas surgen; Judicial Watch toma acción legal en contra del departamento de justicia a raíz de los miles de correos electrónicos encontrados en la computadora del ex congresista Anthony Weiner's. Este personaje fue el esposo de Huma Abedin, asesora de Hillary Clinton. Curiosamente resulta que el FBI omitió revisar los correos almacenados en esa computadora durante la investigación que exoneró a Hillary Clinton.

Desde diciembre del 2016 Judicial Watch solicitó al departamento de estado, tener acceso a la información a la que el público tiene derecho, según el acto de libertad de información (FOIA siglas en inglés). Y no fue sino hasta diciembre del 2017, un año después, que el departamento de estado entregó más de 2,800 correos electrónicos de la computadora de Weinner, entre los que se encuentran algunos con información confidencial.

Huma Abedin asistente de Hillary Clinton utilizaba la computadora de su ex marido, como respaldo de la información contenida en el servidor de la casa de la secretaria de estado.

Con esta nueva evidencia se demuestra la culpabilidad de los mismos agentes que dieron cobertura a Hillary Clinton y que buscaban descarrilar la campaña, y posteriormente el nuevo gobierno. Ellos a propósito omitieron revisar esa información.

La dilación en este trámite buscaba encubrir la corrupción del anterior del gobierno, así como identidad de los agentes involucrados.

Por supuesto que estas noticias no las verás publicadas en la prensa tradicional corrupta; ellos siempre buscan distraer la atención del público con falsas acusaciones y noticias proporcionadas por informantes anónimos, en las que el público ya no cree.

Estos nuevos descubrimientos sacuden a la base del V. O. M., a los demócratas y a quienes les sirven. Es por ello que se ordena a los demócratas montar nuevas ofensivas que serán acompañadas por la prensa tradicional.

Pero como todos sabemos, la verdad no permanece oculta y periodistas independientes cómo Sara A. Carter, trabajan diligentemente para obtener nuevas pruebas que contribuyan a aclarar el caso.

Esta vez lo que se ha descubierto nos proporciona nuevos mensajes entre Peter Strzok y Lisa Page, mensajes que se decían perdidos y que contribuyen a esclarecer las declaraciones de esta última. Ahora se sabe que el FBI estableció una operación específica para filtrar información confidencial a la prensa.

De esta forma se genera un flujo constante de datos sobre a la prensa de la investigación en contra del actual presidente y sobre el supuesto entorpecimiento por su parte de la investigación.

Esta información filtrada a la prensa luego se usa para justificar las solicitudes de las ordenes FISA y además se dan a conocer los nombres de los ciudadanos involucrados. Estas acciones se desarrollan con el propósito de que al verlas publicadas en la prensa el público las acepte y crea que Trump junto a Rusia, fueron la causa de la derrota demócrata.

Filtrar información confidencial, de un caso que se investiga es un delito grave, y este fue cometido por agentes del DOJ, del FBI y por Steel, el agente británico. Y es de esta forma que noticias y nombres de los involucrados aparecidos en la prensa se añaden para justificar las solicitudes de las ordenes FISA. Al descubrirse esto la credibilidad del caso se pierde.

Ante lo desenmascarado la reacción del V. O. M. y el partido demócrata acuerdan elevar, tanto nacional como internacionalmente, el nivel de ataque en contra de la administración Trump.

Como ejemplo de lo anterior podemos citar al primer ministro de Canadá quien desea dilatar la firma del tratado comercial con los EE. UU. hasta después de las elecciones de noviembre. Trudreau desearía que los demócratas obtengan la mayoría para que no apoyen las medidas comerciales que Trump se propone imponer, en caso de que no se suscriba un tratado de comercio justo con Canadá.

Así mismo el presidente de francés declara "no confiable" a los EE. UU., para la defensa de Europa, y amenaza con bombardeos a Siria si este gobierno utiliza agentes químicos en contra de su población. Esta declaración y el posible resultado de un avión francés derribado en espacio aéreo sirio, podría resultar en el detonante de un conflicto militar de gran magnitud.

En el ámbito nacional la nueva ofensiva del V. O. M. da inicio con la publicación del libro de Bob Woodward, en el que expone intimidades al interior de la Casa Blanca. Estas son desmentidas de inmediato por los personajes que él señala.

Otra figura que emerge y se suma al ataque es Hussein Obama quién en un hotel en California se dirige a unas setecientas personas. Él se considera en si intervención el precursor del actual desarrollo económico de los EE. UU.

La siguiente ofensiva la llevan adelante los demócratas en el congreso en busca de dilatar la nominación de Brett Kavanaught a la Corte Suprema de Justicia. Su vergonzoso actuar es incluso criticado por Ruth Bader miembro de liberal de la misma Corte Suprema de Justicia.

Habiéndose terminado las escuchas del Congreso, la senadora Feinstein, da a conocer una carta que obra en su poder es la que se acusando de intento de asalto sexual al nominado Brett Kavanaught. La senadora dice que mantendrá en el anonimato la identidad de quien lo acusa.

No queda duda de que los demócratas pretenden que la elección de Kavanaught, no se dé antes de las elecciones de noviembre, suponen que ganarán los asientos necesarios en el congreso y en el senado, y con estos votos esperan evitar la nominación.

Los republicanos en el comité judicial del congreso deciden que la ahora conocida acusadora Christine Blasey Ford, se presente a declarar el jueves 27 de septiembre de 2018 y después lo hará el acusado Brett Kavanaught. La fecha para la nominación a la Corte Suprema se debe posponer.

Nuevas pruebas son ofrecidas por investigadores privados, el comité judicial del congreso, haciendo evidente la nula actividad del departamento de justicia quién continúa obstaculizando la investigación que busca exonerar al presidente.

Es entonces que Trump decide intervenir y solicita a las agencias respectivas, sometidas al ejecutivo, que desclasifiquen sin redacciones, documentos que congresistas y senadores han venido demandando, para que por fin el pueblo norteamericano conozca la verdad.

Los demócratas niegan que la orden presidencial para desclasificar documentos sea un acto de trasparencia; por el contrario, lo acusan de abuso de poder y afirman su objetivo es evitar que la investigación en su contra prosiga.

Las agencias involucradas en desclasificar los documentos son la Dirección nacional de inteligencia (DNI) y el Departamento de justicia (DOJ). El proceso que deben llevar a acabo, incluye revisar la información que el mandatario ha ordenado que se de a conocer al público; y una vez terminado este trabajo deberán entregárselas para que él las entregué al congreso, quien las hará públicas.

Estando contra las cuerdas Hillary Clinton es quién ahora aparece a la ofensiva en los medios; acusa al gobierno de actuar de forma autoritaria y de dañar a las instituciones del estado.

Amigo lector, pregunto: ¿No es esto precisamente lo que ella y el partido demócrata y sus peones que caen uno a uno, han venido haciendo?

En ustedes está el decidir quién tiene la razón.

Recientemente se ha conocido que países aliados miembros de los cinco ojos, han solicitado al presidente Trump la revisión de los documentos a desclasificar.

Tal como ya mencioné, los cinco ojos son las agencias de inteligencia de los países aliados Australia, Nueva Zelanda, Inglaterra, Canadá y los EE. UU.

Sabemos que el Reino Unido y Australia están involucrados en acusar a norteamericanos inocentes, así como en generar material falso para desprestigiar a Trump. La situación se vuelve cada vez más mas interesante y las piezas que maneja el V. O. M. se hacen más evidentes. ¿Es posible que el MI 6 actuará sin autorización del gobierno?

Un presidente está facultado para otorgar perdones secretos, por ello se sospecha que Hussein pueda haber otorgado perdón por lo actuado, a personajes oscuros como Brennan ex CIA y Clapper ex DNI y otros.

Resulta posible entonces que el motivo de que la investigación se lleve a acabo lentamente, se debe a que se espera que aquellos que han sido perdonados, cometan errores que permitan llevarlos a juicio, ya que el perdón se otorga para actos llevados acabo en el pasado y no para los consumados durante la actual administración.

Al terminar este libro está por definirse el acuerdo comercial con Corea, México y Canadá, la nominación del designado a la Corte Suprema, la entrevista de R. Rosenstein con Donald Trump, el acuerdo comercial con la UE, China, etc.

Cierro este trabajo dando a conocer las revelaciones de Project Veritas, empresa de James O´keefe, un reportero investigador quién facilita a los enemigos de los EE. UU.

que trabajan en el gobierno a declararse culpables al ser entrevistados y filmarlos secretamente. ¡Felicidades Proyecto Veritas!

En lo personal confío en que el lector de este trabajo se sienta motivado para seguir informado de la verdad que han pretendido mantener oculta. Sin embargo, pienso que nos esperan tiempo mejores.

Obras del autor

<u>Cuentos infantiles</u>

- Aventura en el Valle del Encanto
- Aventura en el Valle de los Elefantes
- El Valle del Encanto
- Aventura en la Puerta del Diablo

<u>Ensayos</u>

- El principio del fin de la corrupción

<u>Ficción</u>

Cuentos Cortos

- Historias de la vida real que parecen cuentos

Novelas

- Contaminación
- Llamada condenatoria

Monólogo

- De la oscuridad a la luz

<u>No ficción</u>

- Los guerreros de la libertad
- El salvadoreño FEYO en el mundo guanaco

Web: http://www.ernestopanama.com

Mail: zpanama@mac.com